Heinrich Feurstein
Matthias Grünewald

Feurstein, Heinrich: Matthias Grünewald
Hamburg, SEVERUS Verlag 2014

ISBN: 978-3-86347-973-2
Druck: SEVERUS Verlag, Hamburg, 2014
Nachdruck der Originalausgabe von 1930

Der SEVERUS Verlag ist ein Imprint der Diplomica Verlag GmbH.

Bibliografische Information der Deutschen Nationalbibliothek:
Die Deutsche Nationalbibliothek verzeichnet diese Publikation in der Deutschen Nationalbibliografie; detaillierte bibliografische Daten sind im Internet über http://dnb.d-nb.de abrufbar.

# MATTHIAS GRÜNEWALD

VON

DR. HEINR. FEURSTEIN

SEVERUS

# Inhalt

# Im Urteil der Zeiten

In den Jahren 1597—98 bemüht sich Graf Albrecht zu Fürstenberg, kaiserlicher Rat und oberster Stallmeister Rudolfs II., im Auftrag seines Herrn um den Erwerb des Isenheimer Altares. Im Februar 1598 gibt der Graf seinen Oberamtleuten im Kinzigtal den Auftrag, bei dem Maler zu Freiburg, der in Donaueschingen öfters „gebraucht" worden sei,[1] den Namen des Meisters zu erkunden.

Die mit bemerkenswerter Zähigkeit geführten Verhandlungen dienten der Mehrung der Prager Kunstkammer. Wir wissen heute, daß der Ankauf sich zerschlug, da der Administrator des Hospitals der Antoniter zu Isenheim, Franz Ber, sich nicht zur Abgabe des Stückes herbeiließ. Die Briefe des Kaisers an den Grafen sind im Wiener Staatsarchiv erhalten und lassen heute noch die Spannung erfühlen, mit der auf beiden Seiten der Ausgang des Ringens um das wertvolle Stück verfolgt wurde.

Kurz zuvor war dem Kaiser der Ankauf des Paumgartneraltars von Dürer im Katharinenkloster in Nürnberg und der Erwerb des Mittelstückes des Helleraltares bei den Predigern zu Frankfurt von der Hand desselben Meisters mißlungen. Wir verstehen daher, daß der entschlossene Sammler auf seine Absicht zurückkam und seiner vorderösterreichischen Kammer in Ensisheim im Juli 1601 nochmals den gemessenen Befehl gab, für die Herausgabe des Altarwerkes, von dem sich ein Teil bereits in Freiburg im Breisgau befand, sich einzusetzen. Auch diesmal scheiterte der Versuch an der festen Haltung des Administrators Franz Ber. Es war für den Kaiser verhängnisvoll, daß dieser Mann, obwohl nicht Antoniter, sondern Weltpriester und Weihbischof von Basel, aber ein getreuer Verwalter der ihm anvertrauten Schätze, mit ungewöhnlicher Hartnäckigkeit für den Verbleib der Stücke an

Ort und Stelle sich entschied. Darin konnte ihn weder der Umstand erschüttern, daß sein Vater vorderösterreichischer Schaffner war, noch die Tatsache, daß sein unwürdiger Vorgänger drei Jahre und drei Monate von derselben Regierung in gefänglichem Gewahrsam gehalten wurde. Das von ihm seinen verdienten Vorgängern Orliac und Guersi gesetzte, im Vorhof des Klosters erhaltene Denkmal spricht heute noch für die Hochschätzung, die er diesen bedeutenden Präzeptoren des Antoniterhauses Isenheim entgegenbrachte, also für seine Verbundenheit mit den großen Ueberlieferungen seines Klosters.[2] Und so begreifen wir den für Rudolf II. betrüblichen Ausgang der Sache.

Der Bescheid des Freiburger Malers auf die Frage nach dem Namen des Meisters ist uns leider nicht erhalten. Er läßt sich weder im Donaueschinger Archiv noch in denen von Wien und Innsbruck erheben. Er hätte mit einem Schlage die neuerdings von Zülch und Rolfs[3] ernsthaft gestellte Frage nach der Stammrolle des Meisters zu lösen vermocht.

Und doch ergibt sich aus diesem Aktenvorgang die wichtige Tatsache, daß sich um das Jahr 1600 das *lebendige Verhältnis* der Gegenwart zu Matthias Grünewald greifbar gelockert hatte. Sein Name ist längst nicht mehr in aller Munde. Grünewald hatte nicht wie Dürer im persönlich gewendeten Geltungstrieb der neuen humanistischen Geistigkeit jener Tage durch zahlreiche Selbstbildnisse, planmäßige Bezeichnung und Datierung seiner Arbeiten und durch reichliche schriftliche Nachlässe für seinen Nachruhm gesorgt. Seine geistige Einstellung zum Werke seiner Hand ist eine grundsätzlich andere, ist durchaus noch die des *gotischen Menschen*, der bescheiden hinter sein Werk zurücktritt. Er hat es auch unterlassen, seine künstlerischen Einfälle durch die Mittel der Graphik in kleinen Stücken auszumünzen und eine Welt damit zu erfüllen. Bedauerlich genug, zumal ohnehin vieles von ihm verloren ging.

Aber auch *innere Gründe* mußten den Mann den kommenden Jahrzehnten entfremden. Es war sein antiklassisches, gespreiztes, ausbündiges Wesen, das dem an dem verhaltenen Formbild der Antike geschulten Menschen der Renaissance und des Barock ebenso seltsam

erschien wie die Ausdruckskunst der Gotik überhaupt, deren letzter Sprecher Grünewald war. Die Plattform seiner Verehrer hatte sich also erheblich geschmälert, wenn auch feinfühlige Kenner wie Rudolf II., Maximilian von Bayern, der Große Kurfürst und Sandrart, der Kunsthistoriker, sich der bezwingenden Gewalt dieses Pinsels nicht entziehen konnten.[3a] Daß erst die Zeit der Freilichtmalerei des Impressionismus und des Expressionismus den Vergessenen wiederentdeckte, liegt in derselben Linie ursächlicher Verknüpfung. Man vergesse nicht, daß Grünewald Dürers Gegenspieler ist. Noch vor wenigen Jahrzehnten war nach einer treffenden Bemerkung M. Friedländers[4] die ganz anders geartete Formanschauung Dürers das Hindernis, das einem Woltmann und den Gelehrten seiner Zeit den Zugang zu Grünewald versperrte.
Wir freuen uns dieser Wiederentdeckung, und wenn wir in diesen Jahren eine Hochflut der Grünewaldbegeisterung feststellen, so kann, um dies vorwegzunehmen, seine Art in der Tat nicht leicht überschätzt werden. Die Wertung dieses ungemeinen Mannes durch die Jahrhunderte ist geradezu ein „Beitrag zur Geschichte des Geschmacks".[4a] Daß das „Erlebnis" Grünewald in so manchen Lobrednern von heute zur reinen Dichtung führte, hat schon Rieffel erkannt, der einmal treffend bemerkt, daß manches Grünewaldbuch mehr von der Psychologie des Verfassers gebe als von der des Gegenstandes. Hier liegen Gefahren, die vermieden werden müssen.

Seine Absichten scheinen sich zunächst zu verbergen. Und doch schreit jede dieser zuckenden Linien laut auf, und die glutenden Farben seines unerhörten Pinsels, diese Zwiegeburten von Licht und Feuer, sind letzte Offenbarung einer Person und einer Zeit. Das spritzende Blut dieses unheimlichen Mannes gräbt sich sein ureigenes Strombett. Aber tropfenweise senken sich nicht nur Formbestandteile Dürers und anderer Großer jener Tage in seinen Pinsel, sondern auch die allzeit rinnenden Gewässer des ikonographischen Erbgutes der Zeit mischen sich ein und schaffen eine deutlich wahrnehmbare Unterströmung. Grünewald ist zu sehr mit dem geistigen Gefüge des Mittelalters verankert, um mit der Vergangenheit auch nur in dem Maße zu brechen wie Dürer. Er ist der bildmäßigen Ueberlieferung seiner Zeit durchaus verpflichtet — ein Glück für uns, daß selbst die Gipfelmenschen jener frühen Tage mit breiter Sohle auf dem Boden jener Geistigkeit standen, die schlechthin Gemeingut war. Aber sie fanden im hintergründigen Wesen der Dinge die glühenden Tinten, um in buntem Auftrag und in bewegtem Umriß zu malen, was andern nur im grauen Lichte des Alltags erschien.

Mit andern Worten: Grünewald hat, wie man weiß, seine Bildvorwürfe nicht aus dem Leeren geschaffen, nicht rein aus der abgründigen Tiefe seines in Jahrhunderten einmaligen Genius heraufgeholt. Die religiöse Darstellung ist vorgefunden und trotz aller formalen Eigengesetzlichkeit zeitgebunden. Auch ein Grünewald durfte sich des allgemeinen Sprachgebrauchs nicht entschlagen, wollte er gemeinverständlich bleiben. Noch war ja die Kunst — im Gegensatz zu heute — zu tiefst im Volksbewußtsein eingebettet.

Es war die Zeit, wo sonst viele nach neuen Formen griffen. Das neue Körpergefühl, die plastische Form, die kubische Fülle dringt auch bei ihm ein und verrät den mittelbaren Einfluß Mantegnas und Jacopo de Barbaris, die südliche Formschönheit nach dem Norden verpflanzten, wo Dürer nach den ewigen Proportionen des menschlichen Körpers ringt und im ergreifenden Endkampf mit seiner deutschen Eigenart vergeblich den Ausgleich sucht zwischen objektivem Kanon und seelischem Ausdruck. Grünewald ist von diesen schulmäßigen Kämpfen kaum berührt. Er schafft von innen nach außen, er ist Meister des Ausdrucks, letzter Gotiker aller Zeiten. Die Form gerinnt ihm aus der inneren Anschauung zusammen, sie ist gefühlsbetont, empfunden, nicht gezirkelt.

Daß in ihm die grenzenlose Bewegtheit einer Zeitenwende sich spiegelt, ist zu erwarten. Grünewald hat, wie nunmehr feststeht, den Bildgehalt seiner eigenartigen Schöpfungen zumeist den mystisch vertieften Gedankengängen der heiligen Birgitta von Schweden entnommen. Das ohnehin auf allen Flanken gelockerte Zeitgefüge um 1500 fand sich durch die aufpeitschenden Gesichte dieser nordischen Seherin mächtig erschüttert. Der ganze Norden des Abendlandes stand am Vorabend seiner größten religiösen Umwälzung, sah in den düsteren Gegenwartsschilderungen des vierzehnten Jahrhunderts das Spiegelbild der eigenen Zeitlage und suchte, in den endgeschichtlichen Ausblicken der seherischen Frau den mit Spannung erwarteten Ablauf seines eigenen Geschickes abzulesen.

Es war doch bezeichnend, daß Maximilian der letzte Ritter, der Mann mit dem Janusgesichte auf der Scheide zweier Zeiten stehend, im Jahre 1500 die erste Ausgabe der Offenbarungen „in hohen teutschen Landen" durch Anton Koberger in Nürnberg besorgen ließ.[4b] Sie erschien lateinisch wie die erste Ausgabe auf dem Festland überhaupt, die durch die Mönche von Vadstena besorgte von Lübeck i. J. 1492. Aber schon im Jahre 1502 trug eine deutsche Uebersetzung desselben Koberger das Buch in die weitesten Kreise der geistig Regsamen. Dürer selbst, sein Patenkind, hatte den bildnerischen Schmuck übernommen und betraute damit einen seiner tüchtigsten Werkstattgehilfen. Ein Auszug, onus mundi oder die Bürde der Welt genannt („Wie es jetz in der welt ergen soll"), folgte rasch, und in zahlreichen Ausgaben wurde das Prophetische des Buches begierig aufgegriffen.[5]

Es müßte auffallen, wenn ein polarer Geist wie Grünewald von der derben Handgreiflichkeit und dem Fragendunkel dieses Buches nicht in seinen ganzen Tiefen erfaßt worden wäre. In seinem Hauptwerk, dem Isenheimer Altar, ist der Einfluß der seine Zeit stark berauschenden Gesichte der schwedischen Heiligen besonders greifbar. Es hat nicht an andern Erklärungsversuchen gefehlt, aber alle suchten, wie eine eingelegte Arbeit aus zahllosen kleinen Beziehungen zu liturgischen und mystischen Stellen zusammenzusetzen, was doch offenbar aus einem einzigen Wurf entstanden ist.

Gerade dieses Prachtstück ist inhaltlich so stark gebunden, daß gegenüber seiner Geschlossenheit die damals üblichen Darstellungen mit den mechanisch gehäuften Sinnbildern der lauretanischen Litanei oder den Vorbildern der unbefleckten Empfängnis durch ihr lockeres Bildgefüge sofort auffallen.

an Hans Baldung Grün, den Sandrart in Grün-Bald = Grünewald verballhornt habe. Es lag dann nahe, den temperamentverwandten Mathes von Aschaffenburg für einen Blutsverwandten zu halten und ebenfalls mit dem Familiennamen Grünewald zu belegen. Zülch hält es für möglich, daß ein Bildhauer Mathis Grün, der damals in Frankfurt lebte, Ursache der Falschbenennung wurde. Am meisten Wahrscheinlichkeit bietet jedoch der Hinweis Hohbachs, dem neuerdings Zülch beitritt, daß damals eine mehrgliedrige Malerfamilie Grünewald in Aschaffenburg lebte, in der zwar die Vornamen Jörg und Burkhart, aber nicht Mathes sich finden. Sandrart mag so irriger Weise seinen Maler Mathes dieser ihm irgendwie bekannten Malersippe eingereiht haben, um die Frage nach dem vollen Namen in Ordnung zu bringen. Der Name Grünewald oder Grün (so bei Remigius Fäsch) legte sich als Rückschluß aus dem G des Monogramms durchaus nahe.

Wir müssen auf diesen Punkt noch etwas näher eingehen. Man sucht nämlich die Gothart-Nithart-Annahme mit dem Hinweis aus dem Felde zu schlagen, daß Sandrart ja den Enkelschüler des Grünewald, Philipp Uffenbach, persönlich gekannt habe. Uffenbach war ein Schüler Hans Grimmers, und dieser wieder lernte bei Grünewald. Sandrart habe also den Namen Grünewald offenbar aus einwandfreier, verbürgter Quelle geschöpft. Sandrart erzählt aber ausdrücklich, daß er die Handrisse des „Mathäus von Aschaffenburg“ (nicht Grünewalds) bei Uffenbach zu einer Zeit gesehen habe, als er in Frankfurt unweit der Behausung des Uffenbach zur Schule ging. Als Sandrart an die Niederschrift seiner Teutschen Akademie ging, waren, wie er selbst in der Ausgabe von 1675 sagt, 50 Jahre (1683 sind es „60 Jahre“) seit seinem Zusammentreffen mit Uffenbach verflossen. Das stimmt gut mit den Lebensdaten des Sandrart überein, denn da er 1606 geboren war, mag er 1620 zur Schule gegangen sein. Was ihm offenbar geblieben ist, war der starke Eindruck der Kohlezeichnungen. Ob er auch von Uffenbach den Namen Grünewald erfuhr, ist mehr als zweifelhaft. Was er bei ihm sah, war eben die Graphik des „Mathäus von Aschaffenburg“. Allerdings bleibt beachtlich, daß er die Bezeichnung „Matthaeus Grünwald Alemann fecit“ auf dem verlorenen St. Johannesbilde in Rom i. J. 1629, also mit 23 Jahren, angeschrieben haben will. Möglicherweise hat er aber seine spätere Kenntnis des Namens Grünewald in seine Jugendjahre vorverlegt.

Sandrarts bedingte Zuverlässigkeit ist mehrfach festgestellt.[8] Die Apokalypse des Mathias Gerung schreibt er auf Grund des falsch gelesenen Monogrammes dem Grünewald zu. Hans Baldung Grien nennt er Hans Grünewald. Er kennt von ihm nur die Innenflügel des Helleraltares in Frankfurt und etwas Graphik. Von seinem Leben weiß er nichts, ebenso kennt er keines seiner zahlreichen weithin bekannten Tafelgemälde. Den Grünewaldschüler Grimmer nennt er bald Hans, bald Adam, obwohl er den richtigen Vornamen doch auch seinerzeit bei Uffenbach hätte erheben können. Der Helleraltar ist nach ihm 1505 entstanden, und den Grünewald läßt er um 1510 sterben, was bekanntlich beides falsch ist. Die Belege ließen sich leicht vermehren. Niemand wird ihm daraus einen Vorwurf machen. Aber die Tatsache ist wichtig.

Folgenschwere Verwirrung hat indes bei Zülch wie bei Tiemann und Hohbach die Gleichsetzung Grünewalds mit dem in den 1480er Jahren für Aschaffenburg bezeugten Maler Mathis angerichtet. Die in den Fabrikrechnungen der Stiftskirche und der St. Agathakirche zu Aschaffenburg erhaltenen Aufträge sind durchweg Anstreicher- und Faßmalerarbeiten. Ein Maler Mathis streicht schon 1480 nach den Funden Hohbachs neun Kremse, groß und klein, für die Stiftskirche an. Er malt 1488 die drei Stäbe an das Dach des Sakramentshäuschens, 1489 den Deckel des Taufsteins und „der knaben fenlin". Dazu kommen Malerarbeiten am Glockentürmchen des Elisabethenspitals. 1489 erhält er — nach Balduin Kittel — für eine „taffel mit einem crucifix zu malen" von der St. Agathenpflege einen Malter Weizen, seine „knaben" ein Trinkgeld (pro bibalibus). Eine Tafel mit einem Kruzifix ist doch kein Altarwerk. Außerdem wäre die Vergütung lächerlich gering. Aber selbst wenn es wirklich eine Altartafel war, so bereitet die Gleichsetzung mit M. Grünewald die größten Schwierigkeiten. Wenn nämlich Grünewald 1488 bereits Knaben, also Lehrlinge oder Gesellen beschäftigt, dann kann er nicht um 1470 (Tiemann) geboren sein, sondern steht er in Geschäftsverbindung mit einem Meister in Altkirch im Oberelsaß, der bald Michel, bald Michel Wesser genannt wird. Nach 1514 Hofmaler des Kurfürsten von Mainz, Albrecht von Brandenburg. 1524/25 quittiert er der Mainzer Hofkasse den Empfang von Geldbeträgen. 1527 Januar und Mai ist er in Frankfurt am Main. Im selben Jahre 1527 macht er als Maler und Wasserkunstmacher dem Rate der Stadt Magdeburg Entwürfe zu einer Wassermühle nach Frankfurter Muster und wird dann zu gleichen Diensten nach Halle a. S. gerufen. 1528 im August, jedenfalls vor dem 1. September, stirbt Meister Mathes in Halle. Sein Nachlaß wird durch Unterschlagung seines Freundes Hans Seidensticker, Pfleger seines adoptierten Sohnes Endres, unter die Trödler und Pfandleiher verteilt. Melanchthon erwähnt ihn 1530 als verstorben.

Seine Werke lassen sich unschwer diesem Rahmen eines auf dem zwingenden Wege urkundlicher Forschung gewonnenen Lebensraumes einfügen. Und so verdichten sich die Beweise dafür, daß er wirklich Mathis Gothart alias Nithart hieß, und daß sich sein Leben zwischen Mainz, Seligenstadt, Frankfurt, Würzburg und Halle in der Hauptsache bewegte.

Und wenn so die örtlichen Beziehungen nach dem unteren Main weisen, dann wird man in seinem Gesamtwerk wenigstens die Grundzüge mittelrheinischer Formgebung ebensosehr zu erwarten haben, wie den Niederschlag des weithin ausstrahlenden Nürnberg, zumal Würzburg keinen ausgesprochenen persönlichen Stil, vielleicht überhaupt keine bemerkenswerte Kunstübung in den Jahren vor Grünewald zu verzeichnen hatte. Und man wird vor allem in der Erregtheit seines Stiftes und der Brunst seiner Farbigkeit das *Rhein-Mainfränkische Lebensgefühl* in seiner vollen Breite ausströmen sehen.

Um mit diesem Punkte zu beginnen, so steht seine *fränkische Abkunft* jedenfalls außer Frage. Es ist nicht recht verständlich, wieso H. A. Schmid, der hochverdiente Forscher, in seinem unerreichten Grünewaldbuch den Meister für einen Alemannen ansprechen konnte. Auf Grund der angeblich elsässischen Vogesenlandschaft in Isenheim? Die neuerdings mit gutem Grunde vom Maler Henny Franke als

Rupertsberg bei Bingen erklärt wurde?[12] Die gar nicht bezeichnend elsässisch ist, und selbst wenn sie es wäre, zunächst nur beweisen würde, daß die Tafel eben in Isenheim gemalt wurde? Vertreter des alemannischen Typus sind Holbein, Zeitblom, Schongauer. Sie sind von Grünewald durch eine Welt geschieden. Grünewalds Mann der Schmerzen, die Begleitfiguren seiner Kreuzigungsbilder, seine Verkündigung und seine Beweinungen sind durch ein Gemüt gesehen, das südlich der Mainlinie in diesen Graden der Leidenschaftlichkeit sich nicht auszusprechen pflegt.

Ja selbst *rassenkundlich* scheint sich uns hier, so sehr wir der Gefahr des Gefühlsmäßigen in diesem Punkte uns bewußt sind, ein Ausschlag für die fränkische Bodenständigkeit des Meisters zu ergeben. Man denke an den heiligen Sebastian, der bekanntlich als Selbstbildnis angesprochen wird, sodann an die zahlreichen fleischigen, weichmodellierten Klerikergesichter — ich erinnere nur an den heiligen Cyriacus, mit seinen aufgeworfenen Lippen und in der Gesamthaltung seines Kopfes ein Vollblutfranke, den Diakon rechts am Bildrand des Mariaschneebildes und andere mehr — die am Oberrhein oder in Schwaben (man sehe sich doch die ganze Malerei, auch die Bildnerei des alemannischen Bereiches darauf an) unmöglich sind.

Bekanntlich liegen sodann alle seine Aufträge auf der *Linie zwischen Mainz und Würzburg* beisammen. Auch der Hallenser Auftrag, das Mauritiusbild, ist mit Mainz als Bestellung des Kurfürsten ursächlich verknüpft. Da ist nur die eine große Ausnahme des Isenheimer Altars, dessen Entstehungsgeschichte doch nicht so sehr im Dunkeln liegt, als man meinen könnte. Lag nicht vor den Toren von Hanau das Antoniterkloster Roßdorf, dessen Vorsteher Goswin von Orsoy gerade damals Generalpräzeptor des Ordens für Deutschland war? Goswin war 1502 Kanzler der Universität Wittenberg, also wohl ein Mann von Bildung, aufgeschlossen für die wissenschaftlichen und künstlerischen Strebungen seiner Zeit. Er mag, das ist die sehr ansprechende Vermutung Zülchs, der hier Karl Simon folgt,[13] seine Ordensgenossen in Isenheim auf die junge Malerbegabung hingewiesen haben.

Im Jahre 1929 tauchte ein angebliches, in Schweden erworbenes

*Selbstbildnis* Grünewalds im deutschen Kunsthandel auf. Oelbild auf Holz, äußerst tonig und stark in der Farbe, von sehr guter Form, aus der Zeit nach 1490. Ein blutjunger, bartloser Mann, durch die Zeichen seines Handwerks, Reißfeder, Tintenfaß und Zeichenblatt, übrigens nicht als Maler, sondern als Buchmaler oder Zeichner[13a] ausgewiesen, nur als Büste sichtbar, schaut aus einem Werkstattraum nach vorn. Ein Fenster zur Rechten öffnet sich nach einer tiefen Landschaft. Ueber dem Fenstersturz die echte Bezeichnung M. N. Zülch hat im Pantheon 1929 die Taufe auf Grünewald vollzogen, der sich hier im Bewußtsein seines frühen Könnens selbst gegeben habe.

Man wird dem verdienten Forscher hier nicht folgen können. Das Bild ist oberrheinisch-schwäbisch, trotz einer gewissen Gesuchtheit der körperlichen Haltung durchaus harmlos, ja befangen und von einer Bravheit des Ausdrucks und der Mache, daß sich die Frage aufdrängt: Ist das wirklich der Mann, der später diese die Welt aufregenden Dinge schuf? Müßte man nicht gerade bei dem jungen Grünewald das Prickeln des Geistes verspüren? Man vergleiche dazu doch das viel stärkere Bildnis eines jungen Mannes, Augsburger Schule 1492, Sammlung Nemes (Abbildung im Pantheon 1928, Heft 9)! Zugegeben, daß die straffen, fleischigen Züge bei dem heiligen Sebastian in Isenheim wiederkehren, in dem man gerne das Ebenbild des Malers sieht, so zwingt schon die Zeitlage des Bildes — vor 1490 ist das Malwerk schon aus Gründen der Tracht nicht möglich — das Geburtsjahr des dargestellten, etwa 18jährigen Mannes auf 1475/80 anzusetzen. Zülch schließt sogar aus dem Bildnis auf das Geburtsjahr 1458 und Naumann auf das Jahr 1455, und beide lassen den Isenheimer Altar von dem greisenhaften Manne geschaffen werden, den das anfechtbare Selbstbildnis in Erlangen festhält. Das Fenster gibt den Blick nach einem der ausgesprochenen Kegelberge des Hegaues frei. Dieser Berg ist nur einmal vorhanden: es ist der Hohentwiel mit der steil abfallenden Südkuppe, von Südosten gesehen, davor ein Ausschnitt des Untersees.

Zülch ist hier zweifellos ein Opfer seiner eigenen Gothart-Nithart-Annahme geworden. Denn er (und nach ihm Naumann) löst das M. N. der Beschriftung in Mathis Nithart auf. Diese Auflösung ist wohl möglich, aber Grünewald hieß eben nicht Mathis Nithart und hat sich auch nie so genannt oder bezeichnet.

Ja, dieser Tage nimmt sogar Hans Heinrich Naumann das angeb-liche Selbstbildnis MN zum Anlaß, zu einem Gesamtangriff auf die ganze bisherige Grünewaldforschung auszuholen. Er tut dies in seinem Buche: Das Grünewald-Problem und das neuentdeckte Selbstbildnis des zwanzigjährigen Mathis Nithart aus dem Jahre 1475. Sein Gedankengang ist kurz dieser:

Naumann entdeckt in dem angeblichen Selbstbildnis MN das Gesetz „des magischen Blickpunktes und der mathematischen Zahl". Dieses Gesetz kennt im Jahre 1475, dem behaupteten Entstehungsjahr des Bildes, nur Martin Schongauer. Also ist MN ein Schüler dieses Meisters. Da später nur noch der Meister der Bergmannschen Offizin (Dominikusmeister) dieses mittelalterliche Bauhüttengeheimnis kennt, ist er mit Grünewald personengleich. Mit dieser verblüffenden Feststellung stürzt die landläufige Auffassung von Grünewalds Frühzeit in sich zusammen. Diese weitet sich in ungeahnter Weise und nimmt das ganze Werk des Bergmannmeisters (Dominikusmeister) in sich auf, und der Lindenhardter Altar gehört bereits zur reifen Spätstufe des Meisters, der damals (1503) ein angehender Fünfziger war.

Unter dem Gesetz des magischen Blickpunktes und der mathematischen Zahl versteht Naumann dieses: Schongauer findet 1474 die Linienperspektive mit dem einheitlichen Fluchtpunkt der Tiefenlinien. Diesen Fluchtpunkt — mitunter sind es auch mehrere — legt er absichtlich an eine bestimmte „aus Gründen des Bildsinnes gewählte Stelle" (magischer = sinnvoller, geheimnisvoller Blickpunkt). Sodann entdeckt er „neben der Bedeutung der Maßbeziehungen zwischen den Bildseiten die Führerrolle gewisser Linien und Punkte, so die der senkrechten und waagrechten Bildmittelachsen, sowie des Bildmittelpunktes. Es wird ihm klar, daß der Künstler durch eine regelmäßige Aufteilung der Bildkanten und durch stetig variierte Benutzung der Teilungspunkte dem zeichnerischen Gebilde einen geheimen Rhythmus einflößen kann" (Gesetz der mathematischen Zahl).

All diese Dinge hat Grünewald und nur er übernommen. Er ist der

„Genetische Konstrukteur, ein Mann von Lionardesker Vielseitigkeit". Naumann sucht seinen Standpunkt mit zahlreichen Konstruktionsschematen zu beweisen, die auf den Deckblättern seiner Abbildungen eingezeichnet sind.

Diese Beweisführung des Verfassers, der sich in diesen Lieblingsgedanken völlig verrannt hat, und dem archivalische Funde, Stiluntersuchungen, Bilddeutung u. a. darüber vollständige in der Versenkung verschwinden, ist gänzlich irreführend.

Zunächst ist die Linienperspektive mit dem gemeinsamen Fluchtpunkt durchaus keine Erfindung Schongauers, die er etwa sorgfältig geheimhielt und nur seinem „Lieblingsschüler" Grünewald anvertraut hätte. Dieses Gesetz war auf dem Erfahrungswege längst gewonnen, bevor es durch die Italiener und durch Dürer lehrhaft begründet wurde. Der Ulmer Holzschnitt der 1480er Jahre (vergl. Bidpai 1483/84, ferner Wallfahrt Mariä 1487) kennt es so gut wie der Meister des sogenannten Peringsdörfer (in Wirklichkeit Augustiner-) Altars von 1487 in Nürnberg, wie der Mickhäuser Altarmeister in Ulm, wie Zeitblom oder Michael Pacher. Gerade bei Pacher, dem Meister der Froschperspektive mit den langgezogenen Tiefenlinien, läßt sich deutlich verfolgen, wie die in die Bildtiefen führenden Parallelen sich haarscharf in einem Fluchtpunkt schneiden. Wohlgemut verwendet das Gesetz schon in der Auferstehung des Hoferaltars von 1465, die Blockbuch-Ausgabe des Canticum canticorum ebenfalls im selben Jahre. Ja, schon Hans Multscher oder vielmehr der Meister des Sterzinger Altars wendet Mitte der 1450er Jahre, z. B. in seiner Verkündigung, den gemeinsamen Fluchtpunkt an. Lochner und Witz haben den gemeinsamen Verschwindungspunkt noch nicht, kommen ihm aber gefühlsmäßig nahe. Schon der Künstler jener Tage wußte sehr wohl, daß parallele Tiefenlinien für das Auge konvergieren und daher konvergierend gemalt werden müssen, um parallel zu erscheinen.

Auch der „magische Blickpunkt" im Sinne Naumanns ist keine ausschließliche Eigenheit Schongauers und Grünewalds. Das geschickt gewählte Beispiel Naumanns, wie bei der Dame mit dem Spiegel (Ritter vom Turn, Bergmannsche Offizin 1493) die Fluchtlinien gleichsam in das Auge des Teufels zurückstrahlen, läßt sich auch anderwärts, und zwar überraschend häufig belegen. Die mittelalterlichen Künstler haben tatsächlich wichtige Bildpunkte durch das Streichen der Fluchtlinien nach diesen Punkten bewußt betont. Nur darf man hier Schongauer und Grünewald nicht das entscheidende Verdienst zusprechen. In Zeitbloms Marienkrönung aus Adelberg fällt der Fluchtpunkt genau mit dem Scheitel der heiligen Jungfrau zusammen, in der Verkündigung desselben Altars mit dem Kinn des Erzengels. Bei Zeitbloms St. Valentin in Augsburg liegt der Verschwindungspunkt in der ausgebogenen Achselhöhle der fallenden Frau, die im Bildganzen wesentlich ist, in seinem St. Florian von 1483 unter der vorgestellten Kniemuschel des Ritters. In Zeitbloms Priester mit der Monstranz (Karlsruhe, Teil des Ulmer Wengenaltars) strahlen die Fluchtlinien des stark verkürzten Altartisches und des Fenstergewändes von der Stirne der Mittelfigur des Altars (Johannes der Täufer) aus. Dasselbe gilt von dem Holzschnitt in Wallfahrt Mariä, Ulm 1487, wo die verlängerten Fliesenlinien in der Stirne des Jesusknaben im Tempel münden. Im Mariä Tod des Mickhäuser Altars stoßen die nach hinten ziehenden Parallelen der Bodenfliesen sehr bezeichnend in dem starr nach vorn blickenden Auge des Apostels zusammen. Beim heiligen Lukas des sogenannten Peringsdörfer Meisters münden die Linien, selbst die der kleinen Tafel mit der Madonna auf der Staffelei, ausgerechnet in der betonten Schulterspitze des heiligen Lukas. Bei St. Wolfgang und dem Teufel des Michael Pacher sammeln sich die Tiefengeraden in dem bedrohlich vorgestellten Knie des Satans, in zwei andern Bildern desselben Altars fließen sie durch eine Toröffnung des Hintergrundes in einem Punkte der Landschaft zusammen, um deutlich die Tiefenillusion zu steigern. Diese Beispiele lassen sich beliebig häufen.

Wie steht es endlich mit dem „Gesetz der mathematischen Zahl"? Daß die Schwerpunkte der Bildkomposition in einem gewissen Verhältnis zu den Bildkanten stehen müssen, wenn das Bild gut im Rahmen sitzen soll, ist eine Binsenwahrheit, auf der ja die künstlerische Wirkung jedes Bildes mitberuht. Daß bei dieser Aufteilung der Bildkanten die geometrische Progression von zwei (2, 4, 8,

16 usw.) eine gewisse Rolle spielt, ist kein erstaunliches Werkstattgeheimnis von Schongauer oder Grünewald, sondern durchaus zu erwarten, denn die (beliebig fortgesetzte) Teilung durch zwei konnte leicht durch Zirkelschlag erzielt werden. Eine Dreiteilung war schwieriger. Ueber diese Feststellungen hinaus vermag auch Naumann nichts zu beweisen; denn er gibt zu, daß schon Schongauer bei der „Benutzung der Teilungspunkte stets variiert", also wechselt. Ein bestimmter Schlüssel für die Beziehung der Teilpunkte zum Bildganzen läßt sich also nicht gewinnen. Damit fällt aber auch die Möglichkeit einer eindeutigen Zuweisung irgendwie konstruierter Bilder an Grünewald oder irgendeinen bestimmten Meister.

Es ist immerhin ein Verdienst Naumanns, auf diese *Bildgesetzlichkeiten* neuerdings hingewiesen zu haben, und es wäre gewiß wichtig, einmal selbst den antiklassischen Bildaufbau der Barockmeister im Zusammenhang zu verfolgen, z. B. die in die gestürzte Raute gebauten Bilder Grecos oder das polare Bildgefüge eines Tiepolo. Ueberall berechnete Gesetzmäßigkeit, nicht Willkür. Antiklassik und Ausdruckskunst bedeuten also keineswegs Gesetzlosigkeit. Aber jeder dieser Meister hat das Grundgesetz der Massenverteilung und des Linienrhythmus mit einem starken Einschlag persönlicher Eigenart abgewandelt, indes Dürer und die Klassiker den Kanon, den Archityp schlechthin anstreben, und hierin liegt einmal und ewig der Gegensatz zwischen Dürer und Grünewald.

Im übrigen *versagt* bei Naumann die eigene *Methode* schon an der Quelle. Denn bei dem Bildnis des Mannes mit den untergeschlagenen Armen — nach Naumann der Goldschmied Paul Schongauer und Mitte 1475 entstanden, in Wirklichkeit ein Bild niederländischer Mache — zeigt das Deckblatt Naumanns nur das Netz der senkrechten und waagrechten Achsen ohne die rhythmischen Linien des Bildgefüges. Und auch bei dem reifen Grünewald scheint Naumann auf Nieten zu stoßen; denn er findet nur, daß „fast" alle Bilder des Meisters nach dem von ihm entdeckten Schema gezirkelt sind.

Weitere Unstimmigkeiten sind natürlich mehrfach vorhanden. Der Verfasser hilft sich damit, daß er sie auf *Meßfehler* des Meisters zurückführt, auf „eine Verschiebung des Winkelmaßes“, auf ein „Abgleiten des Winkels“. Er ist naiv genug, darin sogar eine Absicht des Malers zu suchen, um „etwa Nachmessenden das Geheimnis unzugänglich zu machen“. Wir bewundern den Scharfsinn Naumanns, dem es trotz Meßfehler und absichtlicher Irreführung durch Schongauer und seine Schule gelungen ist, was kein Verstand der Verständigen vor 1500 sah, nämlich das große Werkstattgeheimnis jener Tage, die „rationale Bildkonstruktion“, zu entschleiern.

Die Jahreszahl [14]75, die Naumann für die Entstehung des Selbstbildnisses MN angibt, ist in eine Kritzelei der Rückseite des Zeichenblattes mit dem Frauenakt hineingelesen. Sie ist rückerschlossen aus dem Gedankengang Hohbachs, daß der 1480 in Aschaffenburg auftauchende Anstreicher Mathes der längst gesuchte Grünewald und dieser daher etwa 1455 geboren ist. Wäre 1475 richtig, dann hätte sich, wie gesagt, Grünewald im Sebastian des Isenheimer Altars, obwohl damals 60 Jahre alt, als 35- oder 40jähriger Mann gegeben. In Wahrheit ist das Bildnis, schon der Tracht nach, zwischen 1490 und 1500 entstanden, und *wenn* es ein Bildnis des jungen Grünewald von zweiter Hand ist, ein Beweis für das *Geburtsjahr* 1475/80. Im übrigen ist es bezeichnend, daß ein so gewiegter Kenner wie Max Friedländer in Berlin die Begutachtung des Bildes abgelehnt hat.

Es ist hier an der Zeit, über das *Verhältnis dieser beiden Namen* Gothart-Nithart zu sprechen und die *Monogramme* des Meisters sich näher anzusehen. Es gibt drei echte Kürzungen von seiner eigenen Hand, die Zeichen 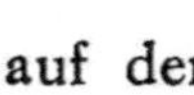 in Frankfurt auf dem Bilde des heiligen Laurentius, 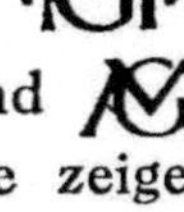 auf dem Rahmen des Mariaschneealtares in Aschaffenburg und 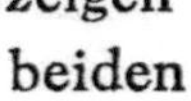 auf der Zeichnung mit den drei Köpfen. Alle drei Namenszüge zeigen die Buchstaben M und G in enger Verschlingung und die beiden erstgenannten außerdem den Buchstaben N, aber nicht unmittelbar angefügt, sondern durch einen Punkt abgerückt oder in kleinerem Maßstabe darüber geschrieben. Daraus ergibt sich, daß Grünewald den Namen *Gothart* als seinen eigentlichen angestammten und bevorzugten Familiennamen betrachtet und die Bezeichnung Nithart als Zunamen, d.h. als Uebernamen geführt hat. Er hieß also Mathias Gothart genannt Nithart. Die Auflösung des N in „notavit" durch J. Hohbach ist willkürlich und ohne jeden Vorgang in der Kunstgeschichte.

Wenn Zülch meint, daß Grünewald ursprünglich Nithart hieß und sich später Gothart nannte, so wird der Gang der Dinge wohl umgekehrt gewesen sein. In den Urkunden heißt er bald Gothart, bald Nithart und nur einmal, bei der Aufnahme seines Nachlasses „Mathis Nithart oder Gothart". Es ist bezeichnend, daß er gerade in den amtlichen Schreiben des Rates von Frankfurt an den von Halle und des Rates von Halle an den von Frankfurt Gothart und nicht Nithart genannt wird. Es ist richtig, daß in dem Monogramm Baldungs das G seines Zunamens Grien gleichfalls in das H geschlungen ist, aber das B schmiegt sich doch aufs engste an den Längsbalken des H in derselben Größe an, und daß die Schreibung 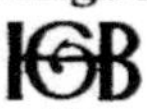 seines Monogramms aus praktischen Gründen sich nahelegte, ist offensichtlich.

Da das römische Dreinamenschema erst Jahrzehnte später in die deutsche Renaissance eindringt, muß einer der drei Namen als Ruf- oder Uebernamen betrachtet werden. Es kann dies nur der Name Nithart sein. Ein Nithart ist ein neidischer, gehässiger Mensch. Professor E. Ochs in Freiburg i. Br., der Herausgeber des badischen Wörterbuches, macht uns darauf aufmerksam, daß z. B. Luther Sirach 25, 19 übersetzt: „Es ist kein lauren über des Neidharts lauren", und daß der Schriftsteller Felix Wyß 1650 schreibt: „Hässige Gemüter, unversühnliche Neidharten" und im Jahre 1672: „Unseren Neidharten und hässigen Nachbauren". In der Zimmerschen Chronik ist Nithart daher soviel wie der Teufel oder Satan.[14] In diesem Spitznamen wäre also die leidenschaftliche, vielleicht auch gallige und bösartige „Komplexion" des Meisters, die man ja aus dem Werke seiner Hände erfühlen muß, nicht übel gekennzeichnet. Der Vergleich mit Hans Baldung Grien drängt sich auf. Baldung Grien ist natürlich nicht der Maler mit den grünen Farbtönen, sondern grün, grien (mundartlich gre͡an) ist nach E. Ochs ein heute noch gebräuchliches südalemannisches Wort für mürrisch und finster, Ausdrücke, die bei dem derb-witzigen Zuschnitt jener Tage durchaus nicht kränkend empfunden wurden, ja sogar in

den Namenszug als unterscheidendes Merkmal eingingen, schon weil die Künstler unter diesen Uebernamen weithin bekannt waren.
Im Zusammenhang mit der Gothart-Nithartfrage und der Tatsache, daß der Meister Entwürfe für Wassermühlen und Schloßkamine fertigte, ist die Behauptung aufgetaucht, daß Grünewald auch andere verwandte, namentlich baukünstlerische Berufe ausgeübt habe. Man spricht daher neuerdings von dem *Maler-Ingenieur* Grünewald. Zumal Zülch scheint in begreiflicher Entdeckerfreude zu meinen, daß Grünewald, gerade in seiner Frühzeit, nur gelegentlich malte: „Erst seine (malerische) Tätigkeit für den Kardinal drängte diese technische Seite seines Wesens in den Hintergrund“, und daß wir hier einen zweiten Lionardo da Vinci vor uns haben, der in seltener Reichweite des Geistes alles mögliche meisterte. Man hat ihm vor allem umfassende Kenntnisse als Maschinenbauer und Bautechniker zugeschrieben: „Schon in Aschaffenburg konstruierte der Maler kunstvolle Mühlwerke, Wasserleitungen, Pumpwerke für Bergbau und leitete Schloßbauten“ (Zülch). Selbst die Frühwerke des Meisters und erst recht der Isenheimer Altar, die demnach in der „technischen“ Periode seines Lebens entstanden sind, machen gewiß nicht den Eindruck, als ob der Meister nur gelegentlich malte. So sehr umfassende Begabungen wie die eines Lionardo oder Michelangelo aus der übersteigerten, wenn nicht überstürzten Persönlichkeitsentwicklung des humanistischen Zeitalters und seinem Bildungsziel mit einer gewissen Zwangsläufigkeit erwachsen, so vereinzelt bleiben doch immerhin derartige blendende Erscheinungen. Selbst in den Aschaffenburger Schloßbauakten, die Zülch bekanntgegeben hat, wird Grünewald, obwohl es sich um einen Kaminbau handelt, zu dem er den Entwurf fertigte, sechzehnmal Maler und nur sechsmal Werkmeister genannt. Mit dieser Bezeichnung „Meister des Werks“ sind die anderen Berufsbezeichnungen, mit denen Grünewald in diesem Zusammenhange bedacht wird: „Angeber des Werks“ und „Baumeister“ bedeutungsverwandt, mit andern Worten Grünewald hat als „Diener“, künstlerischer Berater und Bevollmächtigter seines Herrn, des Kurfürsten von Mainz, den Auftrag erteilt und die Bauausführung überwacht, ohne allerdings zu verhindern, daß der Kamin

nicht zog; denn es wird festgestellt, daß er „nicht zum formlichsten" gemacht ist, weil er „kein rauch außdrägt". Außerdem macht er ein „geschnitten Fisier", d. h. ein Holzmodell als Vorlage. Hierin liegt der tiefere Grund, warum so manche Maler und Goldschmiede jener Tage in Verbindung mit bautechnischen Aufgaben erscheinen: sie hatten die künstlerischen Entwürfe und Werkzeichnungen für Schreiner, Bildhauer und andere Grobtechniker zu fertigen. Wir konnten an einer andern Stelle nachweisen,[15] daß der Riß zu dem Sürlinschen Hochaltar des Ulmer Münsters nicht von Sürlin selbst, sondern von einem Maler oder Goldschmied stammt. 1502/03 macht der Goldschmied Jerg Seld im Auftrage der Zechpflege St. Moritz in Augsburg die „Fisierung zum Sakraments haus und auch zum friemeß altar", und von 23 bei Huth, Künstler und Werkstatt der Spätgotik, abgebildeten Schnitzaltären sind nur etwa acht auf Schreiner oder Bildhauer zurückzuführen.

Auch Dürer hat mehrfach Baurisse geliefert, ohne deswegen als Baumeister gelten zu können. Er erzählt selbst in seinem niederländischen Tagebuch, er habe dem Hofarzt der Erzherzogin Margareta ein Haus „aufreißen" müssen, das er (der Hofarzt) nach diesem Riß bauen wolle. In seinem Dresdener Skizzenbuch (Ausgabe von Rob. Bruch, Taf. 144) finden sich Grund- und Aufrisse zu einem Marktplatzturm. Charitas Pirkheimer schreibt an die Gesandten Nürnbergs auf dem Reichstag zu Augsburg 1518, sie würde im Falle eines Chorneubaues der St. Klarakirche Dürer mit „Hilf und Rat" heranziehen. Dürer hat sogar ein bautechnisches Gutachten abgegeben, und zwar i. J. 1517 in der Frage der Abänderung der hohen Dachform der Kirche des Birgittenklosters Gnadenberg bei Nürnberg. Der Dachstuhl hatte s. Zt. 3000 Stämme gebraucht (gegen 2200 der massigen Münchener Frauenkirche), und die hohe Steilform scheint die Standsicherheit des Gebäudes gefährdet zu haben.[15a] Auch Erasmus Grasser, der Bildhauer (um 1450 bis nach 1526), versucht sich nachweislich in baukünstlerischen Arbeiten. Er liefert Baurisse für Mariaberg bei St. Gallen, Schwaz in Tirol und den Salzbrunn bei Reichenhall. Aber bezeichnenderweise ist er weder bei der Ausführung noch bei der Bauaufsicht beteiligt. Es handelt sich offenbar nicht einmal um maßstäbliche Werkzeichnungen; denn die heute noch sichtbaren Bauformen der Türgewände usw. sind z. B. in Mariaberg schwäbischer, nicht bayerischer Herkunft, also Beleg dafür, daß nur Grundrißanlage und Aufriß auf Grasser zurückgehen.[15b]

Daß Grünewald, wenn er Wassermühlen entwarf oder einen Kamin mit Rauchführung, gewisse technische Kenntnisse besitzen mußte, ist klar. Ihn deswegen als „Ingenieur“ anzusprechen, liegt kein Grund vor. Grünewald war ein geschickter Kopf, ein aufgeschlossener und vielseitiger Mann, der vielleicht in seiner Freizeit gerne Laufwerke entwarf, die ihm eine gewisse Nebenbedeutung als „Techniker“ einbrachten, was ja damals nicht viel heißen wollte. In allem Wesentlichen war er Maler. Der bekannte Hans von Schenitz, der Grünewald als „Diener“ beim Mainzer Kurfürsten abgelöst zu haben scheint, wird 1531 als „*Kammerdiener und Baumeister*“ zu Halle bestellt.[16] Niemand wird hier bei diesem geriebenen Makler, der seinen Herrn um Zehntausende betrog, an die Stellung eines Steinmetzen oder Architekten denken. Er erhält drei reißige Diener zugewiesen, einen Knaben, einen Bauschreiber und fünf Pferde. Ferner Kost und Hofkleidung, und man erinnert sich hier, daß im Nachlaß Grünewalds u. a. aufgeführt werden: „2 rot hofkleyd“ und „noch eyn rot hoffrock“.

Wie stand Grünewald zu der *religiösen Bewegung* seiner Tage? Seine Werke geben darüber keine Auskunft. Wenn auch bei seinen letzten Zeichnungen eine Vorliebe für weltliche Stoffe auffällt, so ist es doch rührend zu sehen, daß der Tod ihn überrascht, als er eben den Gekreuzigten mit Maria und Johannes zu Ende malte. Denn in seinem Nachlaß fand man „2 lid an eyn taffel ganz wiß bereidt und uff dem einen 1 crucifix, Maria und Sant Johannes“. Der große Bildgedanke seines Lebens, dem er so oft unerhörten Ausdruck verlieh, begleitet ihn also bis in die letzte Minute, da der Pinsel seiner Hand entfällt. Man denkt an Birgitta (Off. VII, 16): „Und übrig blieb das Kreuz, einsam und hoch.“ Seine religiöse Stoffwelt ist bis zuletzt ernst und überzeugend abgewandelt und bewegt sich vollkommen in den Bahnen altgläubiger Anschauungen. Die hausbackenen, verweltlichten Formen des Alltags, in denen Dürer und Cranach nach dem Verluste ihrer naiven Gläubigkeit

# Das Einmalige seines Wesens

Die Bilder Grünewalds sind ein Blickfang ganz eigener Art. Sie bestechen das Auge und geben im selben Zeitpunkt eine innere Vorstellung von größter Geschlossenheit und Stärke. Diese Wirkung geht zunächst, so vordringlich die Farbe ist, von der Festigkeit des Bildgefüges aus. Das Ausgewogene aller Einzelheiten, die peinlich durchgeführte Wertabstufung aller Bildteile auf Grund ihrer inneren Wichtigkeit, der Verzicht auf erzählende Breite und die Beschränkung auf das Notwendige — Grünewald kennt nicht das Figurengedränge der ausgehenden Gotik — schafft den unerhörten Gesamteindruck, der im Zeitkleinsten eines Augenblicks den Beschauer gefangennimmt. Erst nachdem das Auge längst seine restlose Befriedigung ausgesprochen hat, gewahrt es da und dort und immer häufiger zahllose Verzeichnungen, anscheinend willkürliches Wechseln der Maßstäbe, fehlerhaftes Streichen der perspektivischen Fluchtlinien, unklare Lichtführung u. a. m.

Aber all das bleibt lange genug verschleiert, nicht nur durch den Reiz der Farbe, sondern eben durch das innere Gefüge des Ganzen. Während die Bildanordnung bei Dürer oft genug, der klassischen Forderung getreu, symmetrisch rechts und links der Mittelachse verläuft und im Gleichgewicht der Kräfte sich beruhigt, ist der Bildaufbau bei Grünewald deutlich exzentrisch und reißt das Auge immer wieder im Pulsschlag der großen Gerüstlinien zu den Höhepunkten des Bildes empor. Diese polare Schichtung ist bei allen Werken Grünewalds greifbar, wir erinnern nur an das Gegenspiel von Madonna und Engel mit Gamba auf dem Isenheimer Menschwerdungsbilde, vom Auferstandenen und dem liegenden Schergen links unten, vom Engel und der Maria der Verkündigung, ebenfalls in Isenheim. Sie zeigt sich sogar auf dem Kreuzigungsbilde, und der Pfahl mit dem Manne der Schmerzen ist wohlberechnet trotz der stirnseitigen Anordnung — ein unerhörter Vorgang — fast um Balkenbreite aus der Mitte gerückt.

Und damit deuten wir bereits das Ungewöhnliche, Ausbündige und Verstiegene dieses Mannes an, das sofort das Auge in hohem Grade fesselt. Ihm fehlt das Ebenmaß der Dinge, der Begriff der landläufigen Schönheit, der Sinn für Symmetrie, Proportion und Perspektive, kurz das Regelhafte, das dem Empfinden des Durchschnittsmenschen entgegenkommt. Oder richtiger gesagt: Grünewald verzichtet bewußt auf diese Selbstverständlichkeiten eines geordneten, schulmäßig aufgezogenen Malbetriebes. Ihm ist das Erste und Letzte der *seelische Ausdruck*. In seinen Bildern pulst das Ungemeine, Sprühend-Besessene, Nervös-Empfindsame, mitunter sogar Vernunftwidrige dieses zwiespältigen Menschen, der stets mit einer großen Leidenschaft, im Stimmungsrausch des Augenblicks an seine Arbeit herantritt und im bald erregten, bald verzerrten Fluß der Linie sich ausspricht. Daher das Eigenständige, ja oft *Absonderliche*, das Prickelnde, Spritzige und Verzerrte seines Vortrages. Vieles ist Niederschlag einer schwer verhaltenen inneren Gereiztheit, wenn nicht Zerrissenheit. An vielen Orten wächst das Hintergründig-Uebersinnliche durch, so in der fabelhaften Aureole des verklärten Auferstandenen, im Anflug des Erzengels der Verkündigung, im Geistigzarten der kleinen Madonna unter dem Türbogen (eine der feinsten Erfindungen aller Zeiten), in den ausschweifenden Formen und Farben der konzertierenden Engel, in der Gestalt des bärtigen (!) Engels, der über den Hirten schwebt, in den entsetzlichen Spukgestalten der satanischen Plagegeister des heiligen Antonius, in der Vorliebe für zerrissene Tücher, verharschte Rüstungen, für das Zerfallene, Verkrümmte, Gespenstige. Hierher zählen auch die Verschiebungen aller Maßstäbe: auf der Kreuzigung in Isenheim hat jede Figur eine andere Größe, Dinge, die auf den ersten Blick gar nicht sichtbar werden, so sehr ist man von der Gesamterscheinung gefangen. Ebenso die zahllosen Verzeichnungen, von denen bereits die Rede war: nicht technisches Versagen oder Nichtwissen, sondern Absicht, Ausdruck, Liniensprache, die Form als Gleichnis, wenn man will Stil und Persönlichkeit. Man denke an das erregte Spiel der oft polypenartig gebildeten Finger! Und dabei stets das richtige Gefühl für die Arbeitsweise der einzelnen Glieder des Körpers.

Aber trotz alledem geht der entscheidende Hauptteil der Wirkung von der Farbe aus. Diese glühenden Tinten haben sich in der Tat, wenigstens auf deutschem Boden, nur einmal zum Bilde geformt: hier zeigt sich abermals die starke innere Beteiligung des Meisters an seinem Werke, die nicht überboten werden kann. Dazu gesellt sich eine geradezu einmalige Begabung eben für die Farbe. Der Vergleich mit Dürer lockt. Dürer hat viele seiner Zeichnungen und Kupferstiche auf malerische Wirkung hin angelegt durch Verwischung der Umrißlinien, durch die Modellierung der Binnenform, durch das Helldunkel der Strichführung, so daß begleitweise Farbvorstellungen beim Beschauer ausgelöst werden. Aber das eigentlich Farbige, Koloristische, lag ihm keineswegs, Er sieht zu sehr die abgezogene Form, und man hat bei seinen Gemälden den Eindruck, als ob zuerst die Zeichnung entworfen und die Farbe nachträglich als ein nicht wesentliches Nebenbei der Zeichnung verstandesmäßig eingefügt wurde. Hier muß irgend etwas in der geistigen Begabung Dürers nicht in Ordnung gewesen sein.[19]

Anders bei Grünewald! Hier fließt die Farbe in idealer Einheit mit dem Bildgedanken des Meisters auf den Malgrund, ohne eigentliche Vorzeichnung. Er verfügt über ein Auge, dessen farbige und linienhafte Eindrücke so stark sind, daß sie ohne große Ueberlegung triebhaft in seinen Pinsel träufeln. Obwohl er von jeder akademischen Einstellung weit entfernt ist und alles Schulgemäße offensichtlich geringschätzt — seine Studienblätter sind nicht zahlreich — gerät ihm die Wiedergabe der geschauten Wirklichkeit in Form und Farbe gefühlsmäßig wider Erwarten richtig. Er modelliert in verblüffendem Maße mit der Farbe, und selbst seine Schatten sind dank der Anwendung von Graustufen noch von farbiger Wirkung. Die Farbe ist ihm stets ohne Weigerung dienstbar, und seine Farbenleiter ist von einer schier unbegrenzten Spannweite. Kopisten wie Hans Steiner, die der Hand des Meisters Zug um Zug gefolgt sind, haben nach H. A. Schmid festgestellt, daß Grünewald mit einer Farbe von äußerst lockerer und magerer Beschaffenheit, also in Temperamanier, nicht mit Oelfarbe, gearbeitet hat. Sie steht in leuchtender Klarheit schmelzartig auf steinhartem Kreidegrund. Der Pinsel glitt mit größter Leichtigkeit über die Tafel dahin, ohne im mindesten Widerstand und Reibung zu spüren und den geringsten Kraftaufwand zu verursachen. Die einzigartige Weichheit der Uebergänge, die keinen Pinselstrich sehen lassen, ist oft dadurch erreicht, daß die Farben flüssig ineinanderliefen. „Nirgend kann man Ausbessern und Ausflicken mißratener Malerei nachweisen. Das heißt, die Hand gehorchte immer und hat restlos stets das dargestellt, was er im Moment wollte, während er seine Absichten oft geändert hat. Die Farbe war ursprünglich stumpf, wie auf der restaurierten Tafel von Stuppach deutlich zu erkennen ist, und ist durch das Firnissen schwach nachgedunkelt."

Vor allem aber hatte Grünewald ein angeborenes Empfinden für die starken Wertsteigerungen, die das flutende Licht in seinen zahlreichen Abstufungen der Farbe mitteilt. Der glänzend begabte Meister sprengt auch hier alle bislang gewohnten Vorstellungen. Die Wiedergabe der Lichterscheinungen gibt ihm willkommene Gelegenheit, die ganze Stufenfolge des Spektrums ablaufen zu lassen. Nirgends kommt das Verzückte seines Wesens deutlicher zum Vorschein als in den flammenden Farbensymphonien etwa der himmlischen Erscheinung von Gott Vater oder des Auferstandenen oder in den bengalischen Tönen des Engelkonzertes oder den konzentrischen Regenbogennimben der kleinen Madonna oder des Auferstehungsbildes. Daher einerseits die ungeheuer schmuckhafte Wirkung seiner Gemälde (ingenio elegante, sagt Sandrart von ihm), andererseits die glücklich erzielte Raumvertiefung, die trotz perspektivischen Fehlern, wie z. B. bei der Verkündigung oder dem Weihnachtsbilde, das Wesentliche des kubischen Eindruckes wiedergibt.

So sind auch seine Landschaften, dank einer trefflichen Beobachtung des fallenden Lichtes, an Stelle der stückelnden Behandlung einer früheren Zeitspanne, durchaus synthetisch gesehen, in glücklich abgestuften Raumschichten vertieft, vom Luftkreis her prächtig aufgelichtet und durch Verwendung seltsamer Baumformen und abenteuerlicher

Felsenkulissen überaus reizvoll gestaltet. Sandrart hat ihn den „hochgestiegenen Teutschen Correggio" genannt, wohl um seine berückenden Fähigkeiten der Helldunkelmalerei anzudeuten. Doch ist der Vergleich nur insofern richtig, als beide Maler in ihrem Bezirke als Koloristen einen Endpunkt bedeuten. Genau besehen fehlt Grünewald das Branstige, in den Schatten Tiefschwarze des Italieners. Seine Farben bleiben immer licht, und seine Modellierung ist, so weich sie anmutet, nie so stark nach schweren Schattenlagen abgebogen wie bei Correggio. Seine Bilder sind nie eigentlich auf ein Spiel von Licht und Schatten, sondern immer auf einige starke Farbenakkorde abgestimmt. Trotzdem ist für das Auge überraschenderweise das gewahrt, was man Kolorit nennt, die strenge Geschlossenheit des farbigen Vortrages.

Bezeichnend ist in diesem Zusammenhang die merkwürdige Einordnung Grünewalds durch Melanchthon in seinen Elementorum rethorices libri duo von 1531, die uns verrät, wie sich das Wesen des Meisters in den Augen seiner Zeitgenossen gespiegelt hat. Hier heißt es im letzten Kapitel: De tribus generibus dicendi: „Durerus enim pingebat omnia grandiora et frequentissimis lineis variata. Lucae picturae graciles sunt, quae etsi blandae sunt, tamen quantum distent a Dureri operibus, collatio ostendit. Matthias quasi mediocritatem servabat." Man wird nicht sagen können, daß der Vergleich sehr treffend ist. Was Melanchthon wohl sagen will, wird aus dem Zusammenhange deutlich: Grünewald nimmt eine Mittelstellung ein zwischen dem stilus grandis, dem großen, ernsterhabenen Vortrag des immer formgerechten Dürer, und dem Stil des Alltags, dem Sittenbilde Cranachs, der, als ihm und seinen Bestellern infolge der religiösen Entwicklung der Dinge die großen Bildvorwürfe ausgingen, ins Hausbackene verfiel.[20] Sandrart sagt in seiner Teutschen Akademie der edlen Künste, Nürnberg 1675, daß Grünewald sich unter den deutschen Malern ausgezeichnet habe durch seinen „zierlichen Geist". Er übersetzt dies in der lateinischen Ausgabe von 1683 mit ingenio elegante, was der Wahrheit näher kommen wird, vorausgesetzt, daß man elegant nicht mit „formschön" wiedergibt.

Bei aller Eigenständigkeit des Meisters muß doch gesagt werden: Leitformen, die sofort die Hand verraten, sind bei Grünewald in geringerem Maße vorhanden als bei irgendeinem der großen Maler deutscher Vorzeit. Daher die Menge falscher Zuschreibungen, zumal in den letzten Jahren. Daher die Schwierigkeiten einer zeitlichen Einordnung der nicht datierbaren Arbeiten. Gemeinsames ist gewiß vorhanden, sonst wäre es ja undenkbar, seine Werke auf einen Nenner zu bringen. Aber das Faustische seines Wesens greift von Woche zu Woche nach neuen Formen, nicht im Sinne stetiger Vervollkommnung und Ausreifung wie bei Dürer, sondern im Suchen nach stets neuen Ausdrucksmitteln für seine häufig überspitzten Bildgedanken. Er ist in der Tat ein „ausbündiger Mann“, ein „ungemeiner Meister gewest, bey dem Natur und Geist Wunder gethan“ (Sandrart).

# Stilverbundenheiten

Der Satz, daß der Stil letztes persönliches Geheimnis sei, ist gerade bei Grünewald mehr als eine Redensart. Wir haben über das leidenschaftlich Ausdrucksvolle, das vollkommen Eigenständige seiner Schöpfungen nach Form und Farbe bereits gesprochen, aber auch das Durchwachsen von Formbestandteilen der Zeit sowohl wie von geistigen Gegebenheiten in der Verarbeitung der religiösen Stoffwelt durch Grünewald angedeutet. In jähen Flammen zucken seine Einfälle durch die Bildfläche, aber der Meister hat nicht den Ehrgeiz, eine vorhandene Plattform zu zerschlagen, sondern das Gegebene in einer neuen und unerhörten Sprache zu sagen.

Es ist daher berechtigt zu fragen: wo sind die Ansätze zur Kunst Grünewalds in den Schulzusammenhängen jener Tage? Und wie hat sich der religiöse Bilderkreis des Mittelalters und vielleicht auch die humanistische Symbolik in seinem Geiste gespiegelt?

Freilich erschwert der Umstand, daß Grünewald in seiner bekannten Eigenwilligkeit alle Einflüsse stark verarbeitet, in hohem Maße die Untersuchung.

Daß nach den Gesetzen der Vererbung, nach den Gegebenheiten des Bodens und der Umwelt Rheinfränkisches, vielleicht auch Mainfränkisches und die weithin wirksamen Nürnberger Anregungen mitklingen werden, ist zu erwarten. Wir rechnen hierher das sprühende Temperament, die Leidenschaftlichkeit der Lösungen, das Gespreizte und Verstiegene, die derbe Anschaulichkeit alles dessen, was mit dem erschütternden Trauerspiel auf Golgatha zusammenhängt, die Berührung mit der Dürerschen Graphik der Jahre 1503—1508, den Einfluß des welschen Malers Jacopo de Barbari, der in den ersten Jahren des sechzehnten Jahrhunderts ebenfalls in Nürnberg saß.[21]

Im einzelnen: die übersteigerten Kreuzigungsdarstellungen, diese Schauerkruzifixe sind, trotz ihrem zunächst befremdenden Eindruck, keine unbedingt Grünewaldsche Erfindung, sondern waren am Mittelrhein von Mainz bis Würzburg zu Hause, freilich nicht im Kreise des Hausbuchmeisters. Wer je im Stadtmuseum zu Mainz vor der einst Hans Baldung zugeschriebenen Kreuzigungsgruppe stand, oder im Darmstädter Landesmuseum den Mosbacher Kruzifixus auf sich wirken ließ — es ist auch erlaubt, an das Vesperbild im Fenster der Marienkirche zu Hanau zu denken — der ist sich klar geworden, daß der Wirklichkeitssinn Grünewalds mit breiter Sohle auf mittelrheinischem Boden aufsteht. Gerade die genannte Mainzer Kreuzigung muß ihn, wie Josten[22] richtig erkannt hat, stark beeinflußt haben. Und die Mosbacher Plastik — Mosbach liegt vor den Toren von Aschaffenburg — beweist, selbst wenn sie umgekehrt unter Grünewalds Einfluß entstanden wäre, die Aufnahmefähigkeit jenes Bodens gerade für solche Versteigenheiten, die in Schwaben beispielsweise zu suchen sind.[23]

Der Dürersche Einschlag überrascht in keiner Weise. Selten daß sich ein Meister jener Jahrzehnte den überreichen stofflichen und formalen Anstößen des großen Nürnbergers entziehen konnte, der es verstand, die Kinder seiner Gestaltungskraft durch die billige Schwarzweiß-Wiedergabe in kleiner Münze auszuwerten und durch eine Welt zu tragen. Deutlich hat es die Mariendichtung Dürers, die Madonna in der Landschaft Grünewald angetan. Auf seinem unvergleichlichen Menschwerdungsbild in Isenheim verarbeitet Grünewald greifbar drei graphische Blätter Dürers, und zwar die Madonna mit der Heuschrecke (B 44) aus den Jahren 1495/96, der erste große Kupferstich Dürers, ferner die Madonna mit den vielen Tieren (Studie in der Sammlung Blasius in Braunschweig, aquarellierte Federzeichnung in der Albertina, Zeichnung im Louvre, datiert 1503), endlich die heilige Familie mit den fünf Engeln, Holzschnitt (B 99), nach Heidrich aus dem Jahre 1508 oder etwas später. Von der Madonna mit der Heuschrecke hat der Meister das Bildmuster als Ganzes übernommen, vor allem die Hauptgruppe mit der Steinbank, die links mit dem Tore einsetzende abgetreppte Mauer, die Mittelgrundlandschaft mit dem See, die Gebäudegruppe halb rechts und die himmlische Erscheinung mit Gott Vater in den Wolken, von der Madonna mit den vielen Tieren die Hintergrundlandschaft mit dem Gebirgsstock und der Verkündigung an die Hirten. Von der heiligen Familie mit den fünf Engeln sind sogar einige Bildteile wörtlich kopiert, so die Greifgeste der Madonna, der tief herunterhängende Lappen der Windel und das verbrämte, breit aufliegende Mantelsegment, und die sockelartig abgetreppte Bodenfläche ist in eine gleichgeformte regelrechte Bühne verwandelt. Für die Form der Windel sehe man auch die heilige Familie in der Halle, aquarellierte Handzeichnung Dürers. Der Auferstandene in Isenheim, in der Farbe und hinreißenden Wucht des Vortrags weitaus die gewaltigste und unerhörteste Fassung des Gegenstandes, lehnt sich in der Geste der Hände, der Aureole, im Faltenstil des Ueberwurfs und im ganzen Kontrapost an den Kupferstich Dürers, die Gerechtigkeit von etwa 1503 an (B 79). Es bleibt natürlich Raum genug für die freie Erfindung des Meisters. Und wie das Erdentrückt-Schwebende durch die Flugbewegung der Arme, die seitliche Abbiegung der Beine, die jäh auflodernde Stoffbahn des Leichentuchs überlegt und doch spielend gewonnen ist, spottet jeder Beschreibung. Von Dürer sichtlich beeinflußt ist auch die Hintergrundlandschaft mit dem Hirsch auf dem Bilde der beiden Einsiedler (s. Dürers Holzschnitt B 107 um 1504), desgleichen die Maria in der Erwartung von der heiligen Katharina in Dürers Holzschnitt Mariä Verehrung (B 95), nach Heidrich 1504/05.

Unmittelbare Einflüsse von Mantegna, von Pesello oder Bernardo da Parenzo sind abzulehnen. Die immer wieder behauptete Notwendigkeit einer *Italienreise* Grünewalds wird so in keiner Weise deutlich.[24] Verwandte Einzelzüge in der Versuchung des heiligen Antonius bei Parentino müssen wohl aus einer gemeinsamen graphischen Vorlage erklärt werden. Jedenfalls steht dem Teufelsspuk in Isenheim der Holzschnitt Cranachs von 1506 um vieles näher. Sandrart erzählt uns freilich von einem heiligen Johannes in Lebensgröße „mit herrlicher gratia gemalt und als Dürer estimiert“, von ihm als Grünewald erkannt (offenbar Begleitfigur einer Kreuzigung, in der bekannten aufblickenden und die Hände verwerfenden Haltung, wie Grünewald sie liebte), den er in Rom bei Papst Urban VIII. gesehen und auf höheren Befehl mit dem Namen des Meisters versehen habe. Man wird annehmen müssen, daß Grünewald wirklich eine Kreuzigung nach Rom malte. Vielleicht in die Kirche St. Peter zu den Ketten, von 1521 an die Titelkirche Albrechts von Brandenburg als Kardinal der römischen Kirche? Wir wissen nicht, ob dies genügt, um eine sonst nicht belegbare Reise nach Italien wahrscheinlich zu machen.

Dagegen ist es auffällig, um dies nochmals zu sagen, wie eng Grünewald mit *Dürer* zusammenhängt. Einzelbeispiele sind genügend vorgebracht. Die Beziehungen zu Dürer häufen sich in den Jahren 1503 bis 1506, vielleicht auch bis 1508. In diesen Jahren muß ein gesteigerter Einfluß Dürers auf den jungen Grünewald, der damals in der Mitte der zwanziger Jahre seines Lebens stand und vielleicht auf der Wanderschaft vom Sterne Dürers angezogen nach Nürnberg kam, eingesetzt haben. Würzburg — und von hier kommt Grünewald — besaß keine große Malerschule, und die Weiterbildung in dem weithin führenden Nürnberg war das Gegebene. Schmid und fast sämtliche Grünewaldforscher tun den Einfluß Dürers als ziemlich unerheblich ab. Richtig ist, daß das Bildgerüst seiner Frühwerke auf Holbein d. Ä. zurückgeht, aber zahlreiche Einzelheiten sind ohne den Vorgang Dürers nicht erklärbar. Und es ist doch sicher beachtlich, das Sandrart den Grünewald ausdrücklich als Dürerschüler bezeichnet und in seiner Liste von Dürers Handzeichnungen ein Bildnis Grünewalds von der Hand Dürers aufführt. Ob nicht Dürer seinen von ihm geschätzten Schüler den Antonitern von Isenheim empfohlen hat? Wir wissen jedenfalls, daß Grünewald den Helleraltar Dürers für die Frankfurter Dominikanerkirche durch Hinzufügung zweier Stellflügel vollendet hat, ein Werk, das Dürer sehr am Herzen lag, dessen Mittelbild er selbst bis zum letzten Strich eigenhändig malte. Die *Altarform* mit den zwei Stellflügeln, in alter Zeit Neben- oder Blindflügel genannt, ist nebenbei bemerkt in der *Nürnberger Malerschule* heimisch.[25] Die Graumalereien Grünewalds und gewisse Zeichnungen von seiner Hand, so die fliegenden Engel über dem Haupte des Sebastian, die Gestalten der Hirten der Verkündigung, die Prophetenfiguren an dem kleinen Tempel auf dem Mittelbilde, die Kreidestudie zur Madonnengruppe (einer verschollenen Anbetung der Könige?) im Kupferstichkabinett zu Berlin und mehrere andere mit ihren überschlanken Formen und ihrer lockeren, fast verschwommenen Modellierung sind ohne den Einfluß Jacopo de Barbaris nicht denkbar. Der Formgedanke dieses welschen Malers, der sich von 1500 an mehrere Jahre in Nürnberg aufhält, hat bekanntlich auf Dürer wie eine Offenbarung gewirkt, zum Unglück seiner gewachsenen rein deutschen Entwicklung. Mehr noch als er sind seine Schüler Kulmbach, Wolf Traut, Schäufelein und der frühe Cranach, der Barbari 1505 als Hofmaler beim sächsischen Kurfürsten in Wittenberg ablöst, dem Einfluß Barbaris erlegen, der sich nur im Kreise der Nürnberger Schule und ihres Ablegers, der sächsischen, nachweisen läßt. Hier, zwischen Nürnberg und Halle (wo er späterhin die Altäre der Stiftskirche malt) und Wittenberg muß sich Grünewald, mag er auch Bürger von Seligenstadt gewesen sein, in den Jahren 1503—1506 oder 1508 bewegt haben. Auffallende Abhängigkeiten von Cranach d. Ä. und der sächsischen Schule sind ein weiteres Glied in der Kette der Beweise. Die beiden Isenheimer Stellflügel mit Antonius und Sebastian haben ihren Vorgang bei Cranach — man vergleiche den heiligen Philippus im Wittenberger Heiltumsbuch von 1509 —, und diese gestelzten Heiligenfiguren auf ihren zierlichen Sockeln sind bezeichnend sächsisch.[26] Cranachverwandt ist auch der Faltenwurf auf der Mittelstufe seines Schaffens und das Motiv der Madonna mit den vielen Heiligen im Dome zu Mainz.

Das Frühwerk von 1503 entsteht für Bindlach bei Bayreuth, und das Schnitzwerk dieses Altares ist mit großer Wahrscheinlichkeit nach Nürnberg (Kreis des Veit Stoß?) zu verweisen. Die Berührung Grünewalds mit dem Birgittinischen Gedankenkreise — wir werden darüber noch reden müssen — wäre am ehesten aus Nürnberger Anregungen zu begreifen. Wenn freilich Georg von Henneberg, Domherr von Mainz und Straßburg,[27] zugleich Propst von Ansbach war, wie Josef Hohbach festgestellt hat, dann wären die Beziehungen Grünewalds zu Bindlach auch über Mainz-Aschaffenburg möglich. Von Wichtigkeit ist in diesem Zusammenhange auch die merkwürdige Einordnung Grünewalds durch

Melanchthon, der ihm in seinem Kapitel „De tribus generibus dicendi" in formaler Beziehung, wie bereits gesagt, eine Mittelstellung zwischen dem Stilus grandis, dem großzügigen Vortrag Dürers, und dem Stil des Alltags, dem Sittenbilde Cranachs, einräumt.

Aber in dieses Konzert teilweise widerstreitender Kräfte und Strebungen mischt sich, wie H. A. Schmid (gegen Rieffel und A. L. Mayer) sehr frühe und ganz richtig erkannt hat (Hagen folgt ihm hier),[28] eine überraschende Note, die vom schwäbischen Süden kommt, nämlich Holbein der Aeltere. Wir hielten in einem früheren Stande unserer Forschung diesen Einfluß für unerheblich,[29] aber das früheste Werk des Meisters, das uns erhalten ist, der vor kurzem entdeckte Lindenhardter Altar, spricht hier eine so deutliche Sprache, daß jeder Widerspruch verstummen muß. Holbein hat hier, vielleicht unbewußt, den größten deutschen Malergeist dauernd und stark beeindruckt. Holbein schuf doch 1500/1501 in Frankfurt am Main den farbensprühenden Hochaltar der Predigerkirche mit seinen erfindungsstarken Passionsbildern, die z. T. eine ganz neue Fassung altbekannter Stoffe brachten. Grünewald war in erreichbarer Nähe, und es ist gar nicht ausgeschlossen, daß er einer jener Gesellen war, die gerade bei den großfigurigen Passionstafeln neben Sigmund Holbein und Leonhard Beck mithalfen. Es lassen sich im einzelnen noch bei der Verspottung, ja beim Mauritiusbilde und der Karlsruher Kreuzschleppung Einlagerungen Holbeinscher Formgedanken verspüren. Die Befangenheit Holbeins in der untiefen Raumbühne und in der Aufteilung der Figuren im Raum ist selbst bei Grünewald geblieben. Die Aufstellung von Zweiergruppen am Bildrand, die sich über den Gegenstand unterhalten, ist sogar einschließlich der fetten Pharisäertypen übernommen, ebenso die locker im Bildgefüge sitzenden, in Seitensicht gestellten Jünglingsgestalten des Hintergrundes mit den schmissig geformten Hüten und Baretten, vor allem auch die seitwärts fluchtartig nach dem Bildrande strebenden Einzelfiguren sind durchaus der Holbeinschen Frühstufe abgeschrieben. Der ältere Holbein war damals, bevor er sich der süßlich-gefälligen Renaissancemalerei verschrieb, in seiner Biderbheit und seiner starken farbigen Begabung sowie im Reichtum seiner Formvorstellung immerhin eine Persönlichkeit, die Grünewald blenden mochte.

Fritz Knapp sieht eine Verwandtschaft zwischen den Gesichtszügen des Bischofs Rudolf von Scherenberg, Steingrabmal Riemenschneiders im Würzburger Dom, und denen des heiligen Aegidius im Lindenhardter Altar von 1503. Diese Beziehungen sind zuzugeben. Sie reichen aber nicht, wie Knapp annimmt, zu einem Schulverhältnis mit Riemenschneider, dessen Formensprache ja ganz anders ist. Dieser bescheinigt den Empfang der letzten Teilzahlung im Jahre 1499. Nach den Gepflogenheiten des geschäftlichen Lebens war also das Grabmal im genannten Jahre schon angeliefert, und Grünewald hatte vier Jahre Zeit, das einprägsame Bischofsgrab im Dome zu sehen.[29a]

# Der Stoffkreis / Deutungsfragen

Zunächst die religiöse Stoffwelt Grünewalds! Es ist richtig, daß der Meister uns hier manches Rätsel aufgibt, man denkt hier beispielsweise an das Engelkonzert mit den beiden Madonnen, der kleinen und der großen, auf dem Mittelbilde des Isenheimer Altares. Aber das Ungewöhnliche besteht nur darin, daß er abgelegene, sinnbildlich-vorbildliche Vorstellungen aufsucht und in großartiger Weise in Form und Farbe umsetzt, und zwar größtenteils erstmals. Wir denken hier an den Birgittinischen Gedankenkreis, die zum Teil endgeschichtlichen Offenbarungen der heiligen Birgitta von Schweden mit ihren Strafprophezeiungen und der ganzen erschütternden Greifbarkeit der Begriffswelt dieser nordischen Seherin. Sicher ist dies zunächst für die Madonna von Stuppach vom ehemaligen Mariaschneealtar der Aschaffenburger Stiftskirche. Man lasse folgendes Gesicht der heiligen Birgitta, das sie an zwei Stellen (Offenbarungen 3, 10 und 4, 78) fast gleichlautend verzeichnet, auf sich wirken.
Es heißt hier mit unwesentlichen Auslassungen wörtlich:

„Mache kund, was ich dir nun über den Zustand der heiligen Kirche in dem Bilde eines Domes eröffne. Die Grundmauer auf der rechten Seite des Domes ist so sehr gesunken, daß sich hoch im Gewölbe mehrere Risse gebildet haben, aus denen das Mauerwerk so gefährlich herabfällt, daß viele im Schiffe der Kirche tödlich davon getroffen werden. Auch von den hochstrebenden Säulen sind manche geborsten und drohen einzustürzen. Der ganze Estrich der Kirche ist so unterwühlt, daß eintretende Blinde sehr gefährlich fallen müssen. Ja selbst Sehende stürzen nicht selten wie die Blinden in die gefährlichen Löcher des Estrichs. Darum ist der ganze Stand der Kirche Gottes sehr gefährdet und ihr voller Zusammensturz in drohender Nähe. Ja ich beteure dir, daß, wenn der Kirche nicht Hilfe wird zur Erneuerung, ihr Zusammenbruch so gewaltig sein wird, daß der ganze Erdkreis erdröhnen wird. Ich aber bin die Jungfrau, in deren Schoß zu kommen der Sohn Gottes sich gewürdigt hat, um aus meinem Schoße mir zu höchstem Troste und ohne jede Beschwerde geboren zu werden. Darum stehe ich in beständigem Gebete über der Welt, wie der Regenbogen über den Wolken, der beide Enden niedersenkend die Erde zu berühren scheint. Unter diesem himmlischen Bogen verstehe ich also mich selber, die ich zu den Erdbewohnern mich herabneige, die Guten wie die Bösen mit meinem Gebete berührend. Auf einer Seite der Erde steigen schreckliche Wolken gegen die Klarheit des Bogens auf. Unter diesen Wolken verstehe ich solche, die ein ausschweifendes Leben führen und unersättlich wie der Grund des Meeres in ihrer Geldgierde sind. Sie verschleudern auch aus Stolz in unvernünftiger Weise ihre Güter, wie ein Gießbach in seinem Ungestüm die Wellen da- und dorthin schleudert. In diesen drei Stücken versündigen sich gegenwärtig gar viele Kirchenvorsteher, deren schreckliche Sünden zum Himmel aufsteigen vor das Angesicht Gottes wider mein Gebet, gleichwie schwarze Wolken gegen die Klarheit des Regenbogens. Wer also nach seinen Kräften sich bemühen will, daß die Grundmauer der Kirche wieder fest und der gebenedeite Weinberg, den Gott mit seinem Blute gegründet hat, wieder erneuert werde, der wird mich, die Königin der Engel, mit allen Engeln zum Beistande haben."

Ergeben sich hieraus nicht verblüffende Rückschlüsse auf die Stuppacher Madonna Grünewalds? Also nicht nur die Einzelheiten des Bienenkorbs (Birgittinische Symbolik) und des Regenbogens, sondern die Darstellung als Ganzes eine Wiedergabe des erhabenen Bildes der heiligen Birgitta vom Zustand der Kirche und der Schutzherrschaft der heiligen Jungfrau! Das Bild gewinnt so eine nicht mißzuverstehende bedeutungsvolle Beziehung zum Zeitgeschehen; denn ein Vergleich der kirchlichen Zustände am Vorabend der Glaubensspaltung mit denen des großen Exils und Schismas in der zweiten Hälfte des vierzehnten Jahrhunderts mußte sich jedem Denkenden aufdrängen. Die Reformgedanken der heiligen Birgitta mußten gerade damals zeitgemäß erscheinen, und wenn Zülch, Tiemann und Rolfs recht haben, daß Grünewald mit Matthias Gothart gleichzusetzen ist, dann fand man in seinem bescheidenen Nachlasse u. a. auch einige „Lutherische Scharteken", die mindestens seine ernste Befassung mit den brennenden Fragen der Zeit bekunden. Wir werden noch sehen, auf welchem Wege vermutlich der Meister zur Kenntnis seiner Vorlage gelangt ist.

Dazu kommt als wichtiges Beweisglied, daß Birgitta diese Offenbarung das eine Mal (Off.4,78) eben in der Mariaschneekirche Roms, nämlich in S. Maria Maggiore erhält!

Und nun im einzelnen! Läßt sich bei Grünewald die Einstellung auf einen bestimmten Bilderkreis nachweisen? Die üblichen Vorlagen der mittelalterlichen Meister: Legenda aurea, Bruder Philipps

Marienleben, der sogenannte Heilsspiegel, die Biblia pauperum, die apokryphen Evangelienlegenden, die Dominikanermystik, die Vitae Christi von Bonaventura, Ludolf von Sachsen und Joh. Landsperg haben bei dem eigenwilligen Meister kaum greifbare Spuren hinterlassen. Manches ist mehr oder weniger herkömmlich gebunden, so die Basler Kreuzigung, die Verspottung, die Kreuztragung. Anderes, wie die Standfiguren der heiligen Antonius und Sebastian und die Antoniuslegende, läßt trotz der persönlichen Note die Vorlage durchfühlen. Wieder anderes dagegen erscheint auf den ersten Blick durchaus eigenständig, so die Madonna von Stuppach, Kreuzigung und Menschwerdungsbild des Isenheimer Altars, die Magdalenenklage in Donaueschingen. Es ist aber gar keine Frage, daß bei der strengen ikonographischen Bindung jener Tage auch für diese Darstellungen anerkannte Vorlagen von vornherein erschlossen werden müssen. Der Schlüssel liegt in einigen von Grünewald gebrauchten sinnbildlichen Beziehungen, die der bildenden Kunst seiner Zeit nicht allgemein geläufig waren, aber gerade deswegen einen ganz bestimmten Hinweis ergeben. Es sind das z. B. die selten verwendeten marianischen Sinnbilder des Kristallglases, des Bienenkorbes und des Regenbogens. Für das Kristallglas vor der knienden Mädchengestalt in Isenheim, diese prächtige venezianische Glaskanne, deren langgeschwungener Schnabel sichtlich auf die Kniende weist und eine „metaphysische Funktion im Bilde erfüllt" (Hausenstein), verweist zwar Joseph Walter[30] mit Recht auf die Stelle in dem weit verbreiteten Marienleben des Bruders Philipp des Kartäusers, und Kögler belegt sie mit einer Stelle aus einem alten Passional. Sie steht aber auch am Anfang der Offenbarungen der heiligen Birgitta von Schweden, wo es gleich im ersten Satze heißt: „*Als die Sunne eingeht durch das Glas* und es nit versehret, also ist die *Jungfrauschaft der Jungfrau* in Annehmung meiner Menschheit nit zerrütt worden." (Worte Jesu an Birgitta.) Auf dieselbe Quelle führen uns die Symbole des *Bienenkorbs* und des *Regenbogens*. Im 12. Kapitel des 6. Buches der Offenbarungen heißt es: „Meine Tochter, du vergleichst mich mit einem Bienenkorbe. Ich war in Wahrheit ein Bienenkorb, als die hochgelobte Biene, der Sohn Gottes, von dem höchsten Himmel sich niederlassend, in meinem Schoße Einkehr nahm. Denn in mir war eine süßeste, feinste Wabe durch Einwirkung des Heiligen Geistes auf das vollkommenste für die Aufnahme des süßesten Honigseimes der Gnade vorbereitet worden. Diese Wabe aber wurde voll, als der Sohn Gottes in mich einging mit seiner Macht, mit seiner Liebe und mit seiner Heiligkeit."

In Offenbarung 3, 10 und 4, 78 vergleicht sich, wie wir gesehen haben, Maria selbst mit einem Regenbogen über den Wolken, der beide Enden niedersenkend die Erde zu berühren scheint. Diese merkwürdige Symbolik ist Eigengut der heiligen Birgitta; denn sie findet sich in keiner der geläufigen Mariologien des Mittelalters, auch nicht in der an Sinnbildern Mariens überreichen goldenen Schmiede Konrads von Würzburg. Grünewald muß also die Offenbarungen der heiligen Birgitta gekannt und benützt haben.[31] Den sprechenden Beweis aus dem Stuppacher Bilde haben wir bereits erbracht.

Nachdem so die Berührung Grünewalds mit dem Birgittinischen Gedankenkreise festgestellt ist, besteht natürlich die Wahrscheinlichkeit weiterer Entlehnungen.

Die übersteigerten Kreuzigungsdarstellungen harren ja noch immer einer befriedigenden Erklärung. Gewiß erwächst hier die Wirklichkeitsnähe Grünewalds aus mittelrheinischem Boden. Aber die zahlreichen erschütternden Einzelheiten sind damit nicht erklärt. Vieles ist nebenbei falsch gedeutet worden. Die zahlreichen braungrünen Flecken des mit den Nägeln der Geißelung gespickten, mit schwärenden Wunden ganz übersäten Christuskörpers in Isenheim sind keine Verwesungsflecken. Dargestellt ist nämlich der Augenblick des eingetretenen Todes: Maria hat soeben ein furchtbares Erlebnis, sie sinkt ohnmächtig in die Arme des Jüngers zurück. Diese Flecken sind im mystischen Schriftwerk des Mittelalters vielmehr als Folgen der Geißelung belegt.[32] Ein Blick in das Buch der nordischen Seherin gibt auch hier überraschende Aufschlüsse. Nicht nur, daß das Leiden Christi der Angelpunkt ihrer ganzen mystischen Einstellung war, sondern ihre Passionsgesichte waren jahrhundertelang die vielgelesene, ausführlichste und anschaulichste Schilderung der Leidensgeschichte, und es müßte geradezu auffallen, wenn ein so ausbündiger Mann wie Grünewald an dieser ungemein drastischen Wiedergabe der Passion vorübergegangen wäre. Noch Martin von Cochem hat sie, wie Stahl nachwies, für sein Leben Jesu benutzt, und die von Clemens Brentano überarbeiteten Gesichte der Anna Katharina Emmerik sind von ihnen stark berührt. Birgitta erzählt uns das große Verhängnis von Golgatha in einer Weise, daß die Isenheimer Kreuzigung als Niederschlag dieser ergreifenden Schilderung begriffen werden muß. Wir werden das bei der Besprechung des Altarwerkes von Isenheim im einzelnen nachweisen.[33]

Grünewald bewegt sich hier in guter Gesellschaft; denn wenn Dürer seine Madonna mit der überschlanken Schwertlilie in die Landschaft setzt, so verarbeitet er hier selbst eine Birgittinische Vorstellung: „Die Mutter der Barmherzigkeit ist gleich der Schwertlilie, deren Blatt zwei scharfe Kanten hat und in eine dünne Spitze ausläuft. An Höhe und Breite überragt sie die anderen Blumen. So ist Maria die Blume aller Blumen. Obwohl in einem Tale wachsend, ragt sie doch über alle Höhen empor, denn die hochgebenedeite Königin des Himmels übertrifft an Würde und Macht jede Kreatur usw.“ Ebenso ist die sehr merkwürdige Darstellung Baldungs, Holzschnitt mit dem von zahlreichen kleinen Engeln beweinten Schmerzensmann (E 15), von der Literatur unverständlicherweise als Himmelfahrt Christi (!) bezeichnet, aus Offenbarung 2, 21 erklärbar, wo Engel „zahllos wie Sonnenstäubchen“ dem vom Kreuze abgenommenen Heiland, ihrem Herrn und Schöpfer, Anbetung und Ehre erweisen.

Daß die bildkräftigen Offenbarungen der heiligen Birgitta schon auf einer früheren Stufe nicht nur die deutsche Kunst, sondern die religiöse Kunstübung des gesamten Abendlandes in einem wichtigen Punkte entscheidend beeinflußt haben, ist durch die überraschenden Untersuchungen des Schweden Henrik Cornell erwiesen.[34] Cornell hat gezeigt, daß die später herrschend gewordene Wiedergabe der Geburt Christi mit der knienden heiligen Jungfrau und dem strahlenden Kinde zu ihren Füßen an Stelle der nüchternen und zartere Gemüter abstoßenden Wochenbettdarstellung nicht nur in Einzelheiten mit dem bekannten Gesichte der heiligen Birgitta zu belegen ist, sondern durch das Erscheinen der Heiligen als Begleitfigur auf den ältesten Bildern engstens mit dieser Schriftquelle verknüpft erscheint. So bei den ersten Darstellungen dieser Art auf dem Fresko in S. Maria Novella in Florenz, Ende des vierzehnten Jahrhunderts, über die Geburt Christi um 1420 im Rosgartenmuseum zu Konstanz und eine verwandte Darstellung des Hamburger Meisters Francke bis zu Herlin in Nördlingen und einem Konstanzer Meister von 1522. Holzschnitte wie der süddeutsche um 1490 mit Maria, dem Kinde zu Füßen und der heiligen Birgitta, darunter die Inschrift: da zaigt Maria S. Brigita wie sie Jhesus geboren hat, trugen dieses Gesicht in die weitesten Kreise.[35]

Wie sehr sich die religiöse Kunst des ausgehenden Mittelalters der heiligen Birgitta für wertvolle Anregungen stofflicher Art verbunden fühlte, beweist ein köstliches Vorkommnis mit legendenhaftem Einschlag, das sowohl in der lateinischen als auch in der deutschen Gesamtausgabe der Offenbarungen der Heiligen unter dem Kapitel „Wunderzeichen" aus Leipzig berichtet wird. Die Erzählung ist in ihrer derben Fassung ein sprechendes Kind ihrer Zeit:

„VI. Wunderzeichen. In der Statt Leipzig war ein Mahler Meyster Henrich mit namen / der under den Doctorn viel pflegte zu reden von der heiligkeit der Seligen Birgitt / und ihren Büchern der Himmlischen Offenbahrungen / auß liebe die er zu ihr trug. Einsmals sprach ein Doctor zu ihm auß zorn: Wann du nicht aufhörest von dieser newen Ketzerey / und den Büchern dieses alten Weibs zu reden / so will ich dich verbrennen lassen. Er war auch gedacht solches zu thun / und ließ ihn citiren daß er den folgenden tag in der frühe vor den Magistris und Doctoren erscheinen solt. Der Mahler aber begehrte von einem Geistlichen Walthero mit namen / welcher der Seligen Birgitt sehr zugethan war / er solt ihm in dieser sach einen heylsamen raht geben: dann er besorgte sich seines Lebens. Dieser tröstete ihn / und gab ihm den raht / er soll in der andacht gegen Gott und der H. Birgitt beständig bleiben / und an ihrem beystand nicht zweiffeln / und er der Priester sampt einem andern Magistro Joanne Torto [35a] / einem Mann gleicher andacht gegen der H. Birgitt / wölle gegen den Herrn für ihn bitten / welches auch geschehen. Da es aber Morgen worden / erschien er vor dem Collegio mit forchtsamem gemüht / und stund ein hartes Examen auß / daß er als ein Ketzer überwiesen / solt gestrafft werden. Aber dieser einfältige und ungelehrte Lay erfüllet mit dem H. Geist / legte durch die fürbitt der H. Birgitt / für welche er stritte / die große Thaten Gottes so kräfftiglich für / daß seine Widersacher dem geist der ihm redte / nicht mochten widerstand thun. Dahero auch Gott der Herr / deß die rach ist / nicht lang darnach dem fürnembsten Anstiffter dieser unruhe die rach vergolten hat. Dann er ist gesund in sein Beth gangen / und des nachts mit der hinfallenden seuche geschlagen worden / und gestorben: und sein todter Cörper ist alsbald verfaulet mit so großem gestanck und abschewen / daß sich Niemand zu ihm nahen dorfft / und das fleisch auff das bloße anrühren der händ stückweiß von den Beynen fiel. Endlich hat man die Scheißhaußfeger umb gelt gedinget / die seinen elenden Leib zu grab trugen / und bezeugten / daß wann sie den so großen gestanck / der von ihm aussgangen ist / zuvor gewußt hetten / so würden sie ihn mit nichten angerührt haben / wenn man ihnen schon den werth gedoppelt hette."

Daß der Ausdeutung des Stofflichen bei Grünewald frühe Grenzen gezogen werden müssen, daß man ihm Sinngebungen unterlegt hat, an die Grünewald nicht im Traume dachte, werden wir noch bei einer Auseinandersetzung vor allem mit Josef Bernhart gelegentlich des Isenheimer Altarwerkes sehen. Unsere Feststellung, daß Grünewald in weitgehendem Maße an das Madonnenbild Dürers gebunden erscheint, gibt zu denken. Die Frage nach den letzten Absichten Grünewalds bei seinem Bilde spitzt sich so zu der Frage zu: Was hat Dürer gedacht, als er seine Madonna mit der Heuschrecke oder seine heilige Familie mit den fünf Engeln schuf.

Dürer war gewiß wiederholt symbolisch-allegorisch eingestellt, am wenigsten aber gerade in diesen Jahren, als er die aus dem Alltagsleben geschöpften Szenen des Marienlebens gestaltete, und ihm, dem Stecher, liegt überhaupt mehr das Sittenbild, die Alltags- und Füllstoffe reinen Formgepräges. Derartige Wahrnehmungen zeigen abermals, wie nötig es ist, der sinnbildlichen Deutung starke Zügel anzulegen. Sie zeigen die starke Gebundenheit selbst eines Geistes wie Grünewald an das geistige Erbgut seiner Zeit auch im rein Formalen. Also auch Grünewald hat nach Vorlagen gearbeitet, und die Frage nach dem letzten Sinne des Gegenständlichen ist hier zunächst in die Geistigkeit Dürers vorverlegt, die, wie gesagt, in jenen Jahren beim Nächstliegenden und Greifbaren stehenblieb. Die äußerst gesunden und geradezu musterhaften Fassungen Anton Springers über die frühen Grenzen sinnbildlicher Deutungen hätten den wilden Träumereien so mancher Ausdeuter unserer Tage Zügel anlegen müssen. Springer sagt in seinen methodischen Leitsätzen mit Recht: „Die mittelalterliche Kunst hat nicht versucht, Rätselbilder zu schaffen, sondern aus dem klaren und vollen Volksbewußtsein geschöpft. Was im Bewußtsein der Zeit nicht lebt, dafür ist der Sinn des Volkes tot und in der Phantasie des Künstlers kein Raum. Eine große Reihe von Vorstellungen ist ohne symbolischen Gehalt."[36] Darüber hinaus sind sicher viele Einzelheiten aus Rücksichten des Bildaufbaues erflossen; denn jedes Werk ist für den Maler in letzter Linie keine gegenständliche, sondern eine künstlerische Aufgabe.

Ueber die genannten Beziehungen zu den kirchlichen Stoffen des Mittelalters hinaus scheinen uns vereinzelt auch tiefergehende Berührungen mit den Gedankengängen humanistischer Symbolik vorzuliegen.

Die Zeichnung mit den drei Köpfen wurde von Gustav Münzel als teuflische Dreieinigkeit gedeutet,[37] näherhin als Verbildlichung der dreifachen Grundbegierde des Menschen: Augenlust, Fleischeslust und Hoffart des Lebens. So sehr diese Deutung auf den ersten Blick für sich einnimmt, so ist doch ein irgendwie zwingender Beweis schwer zu führen, da alle Vergleichsstücke fehlen. H. A. Schmid denkt an eine Verhöhnung der Dreieinigkeit, wird aber selbst wieder wankend, weil ausgerechnet diese Zeichnung signiert ist (was zu jener Zeit nicht ungefährlich war) und eigentlich nicht das Dogma, sondern die einzelnen Personen verhöhnt erscheinen. Jedenfalls gehen seitdem diese drei Köpfe als teuflische Dreieinigkeit durch fast alle Grünewaldbücher.

Es mag sein, daß damals, in der Zeit grundstürzender religiöser Wandlungen, in manchen Köpfen scharf ablehnende Vorstellungen entstanden. Schwarmgeister jener Tage vergriffen sich sogar an den Grundwahrheiten des christlichen Glaubens, und die bekannten „drei gottlosen Maler" zu Nürnberg, Georg Pencz, Bartel und Hans Sebald Beham leugneten 1525 bei ihrem gerichtlichen Verhör u. a. auch die Dreifaltigkeit. Da indes Grünewald bis zuletzt religiöse Gegenstände ernst und überzeugend abwandelt, fehlt dieser Deutung ihre Stütze. Grünewald hat sich auch nicht einmal sachlich schildernd abwegige oder bedenkliche religiöse Vorstellungen zu eigen gemacht. Die übersteigerte Geistigkeit des länglichen Gesichtes mit dem scharfen Blick nach vorn mag einen Stich ins Dämonische haben, aber das Ganze macht doch zunächst den Eindruck eines harmlosen Spottbildes. Die religiöse Ikonographie gibt hier keine Anhaltspunkte. Vielmehr ist die Symbolik der Renaissance imstande, etwas über die Absichten des Zeichners auszusagen. Die Untersuchungen Gichlows und namentlich die lichtgebenden Forschungen Panofsky-Saxls und Hartlaubs[38] haben unsere Vorstellungen von dem Symbolismus der Renaissance seit der Studie Münzels (1912) in einer Weise erweitert und vertieft, daß andere Lösungen näher liegen.

Dreiständige Sinnbilder waren damals nicht selten, und drei Köpfe unter einem Scheitel waren zunächst jedem Gebildeten jener Tage geläufig aus der weitverbreiteten ersten deutschen Enzyklopädie des gesamten Wissens der Zeit, nämlich aus der Margarita Philosophica des Freiburger Kartäuserpriors Gregor Reisch von Balingen, die 1503 erstmals erschien und unzählige Male aufgelegt wurde. In zahlreichen Ausgaben findet sich zu Beginn gleich nach dem Verzeichnis ein Holzschnitt mit der Philosophia triplex, einem geflügelten weiblichen Wesen mit drei Köpfen, die unter einem breitausladenden Kronreif vereinigt sind. Die Umschrift lautet: Philosophia naturalis-rationalis-moralis. Wir hätten also, auf unsere Vorlage bezogen, in dem linken feisten, geradeausschauenden Kopfe die Naturphilosophie, in dem durchgeistigten mittleren Gesichte die Dialektik mit Grammatik und Rhetorik und in dem schräg nach oben gerichteten Kopfe rechts die Philosophia moralis, die sich an den jenseitigen Dingen zurechtfindet. Auch die im fünfzehnten Jahrhundert oft aufgelegte Ars memorandi bringt auf der ersten Bildseite zum Johannesevangelium den Adler mit drei Köpfen, die wohl die göttlichen Personen darstellen sollen.[38aa]

Während diese Betrachtungen noch auf der Oberfläche haften bleiben, ergeben sich tiefere Beziehungen zu der astrologisch unterbauten Komplexionenlehre des Florentiner Platonikers Marsilius Ficinus, der in seinem Werke „De vita triplici“ (1494), einem der gelesensten Bücher jener Tage, unter dem psychischen Einfluß Saturns — man erinnert sich hier an das Saturnusblatt Hans Baldungs — drei Stufen des seelischen Aufstiegs annimmt, die sich im wesentlichen in einer dreifach gesteigerten Melancholie als der besten „Komplexion“

erschöpfen, und Hartlaub knüpft hier an, um in geistvoller Weise aus diesen Gedankengängen die bisher unerklärte Inschrift Melencolia I auf dem bekannten Dürerstich überzeugend aufzuhellen. Dürer hat hier die niederste Stufe, den „Lehrlingsgrad" der Melancholie geben wollen, und L. Keller hat in den Dürerstichen Ritter, Tod und Teufel und Hieronymus im Gehäus, die sich zeitlich sehr nahestehen, folgerichtig den zweiten und obersten Grad der melancholischen Komplexion erkannt.

Aufs engste verwandt damit ist die neuplatonische Lehre von den drei Stufen der Vollkommenheit, die der Freund Ficins, Pico della Mirandola (1463—94), seiner Betrachtung über die Dreizahl der Einreihungsstufen der Mysterienbünde und der alchimistischen Adepten zugrunde legt. Sie entspricht der Dreigliederung des Menschen als Leib, Seele, Geist und kehrt wieder in den virtutes intellectuales, morales, theologicales der Theologie (vergl. wieder Gregor Reischs Margarita Philosophica). „Wie der Areopagit nach dem Vorgange Plotins den Aufstieg schildert als Läuterung, Erleuchtung und Vollkommenheit, so sollen auch wir durch Dialektik uns vorbereiten, dann unsere Seele mit dem Lichte der Naturphilosophie erleuchten und endlich die göttlichen Dinge erkennen. Dialektik „beschwichtigt das leidenschaftliche Aufbegehren des Löwen, der in uns hockt", Naturphilosophie gibt inneren Ausgleich im Lebenskampf, jenen letzten Frieden verleiht nur die Theologie, letzte „Freundschaft", wie sie auch die Pythagoräer als Ziel der Philosophie erkannten. Nur durch „Tod", Vergessen des eigenen Ich, wird die Seele dieser höchsten Liebe teilhaftig. Dreifach sind die Stufen des Aufstieges auch von Moses eingesetzt. Der Levit ist nur Gehilfe im Tempel (Dialektik), später darf er sich das „buntfarbige Gewand, das in der Farbe der oberen Gottessphäre leuchtet", anlegen (Philosophie), erst durch Theologie wird er zum Allerheiligsten geführt. „Mit Moralphilosophie soll der Mensch die Trübheit der Augen fortwaschen und durch Dialektik ihre Sehkraft auf das Rechte einstellen." Doch das bleibt Vorstufe: „noch liegt das Licht der Wahrheit in Dämmerung gebettet", bis wir endlich durch Theologie

„in das lodernde Licht der im Süden stehenden Sonne tauchen, gleichwie der Adler in den Luftraum emporsteigt". (Nach Hartlaub.)
Man kann auch, um bei Pico zu bleiben, in Anlehnung an die Stufenfolge des Dreiphilosophenbildes von Giorgione in dem Kopfe des Jünglings den Studiosus, den suchenden Jünger Saturns, im Kopfe links den weltzugewandten, mit der Welt sich auseinandersetzenden Philosophen und in dem alternden Haupte rechts den Senex, das die Weisheit kündende Saturnkind, sehen. Daß *astrologische* Dinge Grünewald beschäftigt haben, beweist wohl auch die Ausgestaltung der Weltkugel des Christkindes als Planetar auf der Zeichnung der heiligen Dorothea, desgleichen bei dem sogenannten knienden König (Zeichnung) und die Fortuna mit dem Glücksrad im Kapitelsaal zu Mainz. Astrologen befanden sich, wie man bei Janssen nachlesen kann, auch am Hofe Albrechts von Mainz.

# Das Nacheinander der Werke

Für die zeitliche Folge der Arbeiten des Meisters haben wir zunächst gewisse äußere Anhaltspunkte. Datiert sind die beiden Frühwerke: der neu entdeckte Altar in Lindenhardt in Oberfranken, vordem in Bindlach bei Bayreuth, und die Verspottung Christi in München, beide mit 1503,[38a] sodann der Rahmen des Mariaschneealtars der Stiftskirche in Aschaffenburg mit 1519. Innerhalb enger Grenzen datierbar sind die Graumalereien mit den heiligen Diakonen Laurentius und Cyriakus in Frankfurt (1512/13), die Verklärung in Frankfurt (nach 1512/13), der Isenheimer Altar und die Donaueschinger Magdalenenklage (1513/15), Mauritius und Erasmus in München (etwa 1523), die Beweinung in Aschaffenburg (vor 1526).

Was die zeitliche Einordnung der Bilder im allgemeinen erschwert, ist der Umstand, daß der Meister, wie schon Oskar Hagen beobachtet hat, vorübergehend eine Richtung einschlägt, die er später wieder verläßt. Er versucht Dinge, die er wieder liegen läßt. Dadurch wird die Entwicklung zum Teil unübersichtlich, und manches steht vereinzelt. So die Basler Kreuzigung und die heiligen Diakone in Frankfurt. Leitformen, die sich stetig entwickeln, sind, wie früher gesagt, überhaupt keine vorhanden.

Schon bei den datierbaren Stücken ergeben sich Schwierigkeiten mancher Art. Das Datum ANNO MDIII. Di. XX. . I. DECEMB. der Verspottung erwies sich bei der Restaurierung im Jahre 1910 je einmal von einer Hand des siebzehnten und des achtzehnten Jahrhunderts angeschrieben. Offenbar war das Datum, das nicht den Stempel einer späteren Erfindung trägt, dem ursprünglichen Rahmen des Bildes oder einer damit verbundenen Inschrifttafel eingeschrieben. Also vielleicht ein Grabmal und die Zeitangabe der Todestag des im Denkmal Verewigten. Wir haben hier also nur eine scheinbare Zeitbestimmung des Bildes, denn dieses kann, erfahrungsgemäß, um Jahre später (auch früher) entstanden sein. Da indes die Tafel das ausgesprochene Gepräge eines Frühwerkes trägt (worüber noch zu reden sein wird), andererseits reifer ist als der Lindenhardter Altar von 1503, so wird sie in der Tat nur wenige Jahre n a c h 1503 entstanden sein. Die Annahme Simons und Hagens, daß das Bild für ein Glied der Familie von Cronberg (bei Frankfurt) gemalt wurde, fand neuerdings eine überraschende Bestätigung durch J. Hohbach, der nachwies, daß tatsächlich am 27. Dezember 1503 die Schwester des Vizedoms Johannes von Cronberg (in Aschaffenburg) stirbt. Sie hieß Apollonia und war Konrad VI. von Franckenstein vermählt. Der Auftrag wurde also wohl über Aschaffenburg erteilt, und zwar für das Erbbegräbnis in Erbestadt oder die Schloßkapelle der Franckenstein. Durch sie mag das Bild später nach München gelangt sein.[38b]

Auch die Datierung von 1519 für den M a r i a s c h n e e a l t a r in Aschaffenburg ist zunächst nicht über alle Zweifel erhaben. Die Jahreszahl mit dem bekannten Monogramm des Meisters befindet sich zwar, wenn auch von einer unbeholfenen Hand des neunzehnten Jahrhunderts erneuert, auf dem schönen Renaissancerahmen des Altars noch an Ort und Stelle; der Betrag des Stifters, des Kanonikus Heinrich Reitzmann, von 25 fl. für eine Tafel mit dem Mariaschneebilde, das Meister Matheus malen soll, wird aber lediglich testamentarisch, somit als letztwillige Verfügung ausgesetzt, und zwar in den sich folgenden Testamenten von 1513 (verloren), 1514 und 1517, und Reitzmann stirbt erst 1528. Da indes das Monogramm Grünewalds in alter und echter Verbindung mit der Jahreszahl 1519 auftritt, wird angenommen werden müssen, daß der Stifter, um die von seinen Amtsbrüdern Kaspar und Georg Schanz „neu errichtete Kapelle" (so im Testament von 1517) nicht allzulange ihres sakralen Schmuckes warten zu lassen, das Altarblatt alsbald in Auftrag gab, zumal das Rahmenwerk — nur so ist das „tabula jam confecta" zu übersetzen — bereits vorhanden war und seiner Aufstellung harrte (que locari debet in nova capella). Die merkwürdige Häufung von Testamenten in den kurzen Jahren von 1513 bis 1517 erklärt sich wohl aus der Pestgefahr jener Tage, und da die Farben, wie aus dem Wortlaut des letzten Testamentes hervorgeht, in einem verschlossenen Tisch in der Diele bei Reitzmann schon bereitlagen, bestand wohl die Absicht eines alsbaldigen Auftrages, den Reitzmann fürsorglich noch testamentarisch festlegte. Grünewald dürfte den Altar 1518 begonnen und 1519 aufgestellt haben. Das Mariaschneefest selbst (5. August) war 1512 durch Uriel von Gemmingen im Erzbistum Mainz eingeführt worden.[39]

Und nun zu den Flügeln mit den beiden Diakonen in Frankfurt! Von Mitte April bis Mitte Juni 1511 erstellt der Steinmetzmeister Hans Blatz von Martinstein einen Kamin im kurmainzischen Schlosse zu Aschaffenburg im Auftrag und nach der Visierung Meister Mathis des Malers und beschäftigt dabei einen Steinmetzen Konrad Eulner. Dieser Eulner klagt nun, nachdem er bald bei Meister Mathis, bald bei Martinstein vergeblich um seinen Lohn vorgesprochen hatte, im Herbst 1515 vor dem Stadtgericht zu Frankfurt gegen Martinstein auf Lohnzahlung. Im Laufe der Verhandlung wird festgestellt, daß Eulner versucht habe, den Meister Mathis den Maler pfänden zu lassen, als er „nachfolgend hie zu den predigern ein Tafel gemoelet hat". Da diese Verzweiflungshandlung eines um seinen Lohn betrogenen Gesellen bereits eine gewisse Zuspitzung der Streitsache voraussetzt und der Prozeß erst 1515 anhängig wird, dürfte dieser Pfändungsversuch doch erst etwa 1512 anzusetzen sein. Was hat nun Grünewald damals im Predigerkloster in Frankfurt gemalt? Wir wissen, daß er zwei Stellflügel für den Helleraltar Dürers in die besagte Kirche malte, und Sandrart überliefert uns, daß er rechts oberhalb des Altars eine „mit Wasserfarben gebildete" Verklärung Christi von unvergleichlicher Wirkung geschaffen habe. Es ist heute erwiesen, daß Grünewald für seine Farben ein mageres Bindemittel von wasserdünner und leichtflüssiger Beschaffenheit verwendet, also in Tempera gemalt hat. Da eine reine Aquarellmalerei ausgeschlossen erscheint und Sandrart die veränderte Technik der Verklärung offenbar auffiel, so kann es sich hier unseres Erachtens nur um ein Wandgemälde al fresco handeln, dessen Bindemittel wasserflüssig ist, und das rechts oben an der Schiffwand des Helleraltars, also über dem Eingang zur hintersten Seitenkapelle zu sehen war und diesen dem Hellerschen Andenken geweihten Kirchenwinkel, in dem sich auch das Hellersche Familiengrab befand, sinnvoll nach oben abschloß. Das Kreidige und Flache der Malerei mag dann Sandrart zum Ausdruck „Wasserfarbe" veranlaßt haben. Zur selben Zeit, von 1514 an, malt ja auch Jörg Ratgeb seine Frescobilder in den Kreuzgang des Karmeliterklosters zu Frankfurt. Kein anderer als der Ratsherr Jakob Heller, der im ganzen die ansehnliche Summe von 830 fl. an das von ihm bevorzugte Predigerkloster verwandte, dürfte in der Tat auch diese Verklärung gestiftet haben, und zwar bald nach der endgültigen Fertigstellung seines Altares. Da nun bei dem Pfändungsversuch an einem in Arbeit befindlichen Werke des Meisters von einer „Tafel" die Rede ist, so liegt es nahe, darunter die Stellflügel des Helleraltares, also die heiligen Laurentius und Cyriakus von Grünewald zu sehen, die somit um 1511/12 anzusetzen sind. Da der Altar im Oktober 1509 die Werkstatt Dürers verläßt und das Bedürfnis nach einer seitlichen Verbreiterung des Schreines erst nach und nach sich entwickelt haben wird, so ist die so gewonnene Datierung auch aus inneren Gründen glaubhaft. Dürer verwahrt sich noch kurz vor Ablieferung des Altares, „daß nur ja kein anderer sich hineinmengen soll". Man darf schon daraus schließen, daß Heller, der in der Folge, wie uns Vincenz Steinmayer 1620 berichtet, von berühmten und kunstreichen Malern und Bildhauern noch vieles zur Ausgestaltung des Altares tun ließ, zunächst sich noch abwartend verhielt.

Heinrich Alfred Schmid setzt das überragende Hauptwerk des Meisters, den *Isenheimer Altar*, in die Jahre 1509/11. Entscheidend für die Datierung ist ihm die von Hans Kögler[40] behauptete Uebernahme von Einzelheiten der Plage des heiligen Antonius durch *Hans Baldung* in seinem Holzschnitt zu Johann Geilers Granatapfel, gedruckt bei Johannes Knoblauch, Straßburg, Mitte März 1511. Das vorderste Tier, der Geizteufel, sei deutlich dem Grünewaldschen Gemälde entnommen. Diese Zusammenhänge scheinen uns sehr fraglich zu sein. Grünewald malt hier eine Art Schildkröte mit einem Vogelschnabel,

in den besten Jahren und scheint daher noch manches Jahr gelebt zu haben — sein Todesjahr ist ungewiß —, so daß auch von dieser Seite her eine Aufhellung der Frage nicht zu erwarten ist, zumal spätere Stiftungen dieses freigebigen und für die Zier seiner Ordenskirche besorgten Mannes nicht ausgeschlossen sind. Noch der um 1505 geschaffene Katharinenaltar Wechtlins zeigt sein Wappen neben dem seines Nachfolgers Guersi; doch ist es möglich, daß damit die Stiftung einer dritten täglichen Messe an diesem Altar durch Orliac andeutungsweise verdankt werden soll.

Erinnern wir uns, um positive Anhaltspunkte zu gewinnen, in diesem Augenblick der Madonna mit dem Kinde auf dem Mittelbilde des Isenheimer Altares! Grünewald hat nur noch einmal in ganz ähnlicher Weise eine Madonna in die Landschaft gesetzt, und zwar die Madonna von Stuppach aus dem Jahre 1519. Vorwurf, Malverfahren und Bildaufbau sind hier so nahe verwandt, daß es ausgeschlossen erscheint, beide Bilder durch eine Spanne von zehn Jahren zu trennen. Auch M. Friedländer sieht richtig, daß „kein starker Zeitabstand" zwischen Stuppach und Isenheim bestehen kann.

Noch eine andere Ueberlegung führt uns auf eine spätere Datierung des Isenheimer Altars. H. A. Schmid hat in einer feinfühligen maltechnischen Untersuchung nachgewiesen, daß die Einzelfiguren des heiligen Sebastian und des heiligen Antonius zuerst als Graumalerei gedacht waren. Daraus darf man schließen, daß die heiligen Diakone in Frankfurt den Isenheimer Arbeiten vorausgingen, weil sie Grünewald wohl zu dieser bei ihm ganz vereinzelten Behandlung anregten. Diese Diakone sind aber vor 1510/11 nicht möglich und außerdem in ihrem Körpergefühl so sehr vom Figürlichen des Isenheimer Altarwerkes verschieden, daß auch in dieser Hinsicht ein gewisser Zeitabstand gewahrt werden muß.

Dazu kommt ein Drittes! Es ist doch auffällig, daß der sonst südlich des kurmainzischen Gebietes nirgends nachweisbare Grünewald, in Wahrheit Mathis Gothart, genannt Nithart, wie wir aus seinem hinterlassenen Inventarium wissen, 1513 einen Vertrag mit einem Meister Michel von Altkirch und 1515 einen solchen mit einem Meister Michel Wesser abschließt, deren Fertigungen also bei seinem Tode noch vorhanden waren. Es ist nicht sicher, aber wahrscheinlich, daß beide Meister ein und dieselbe Person bezeichnen (zumal die Vertragsbriefe im Verzeichnis einander folgen). Wie dem auch sei, Grünewald muß um 1513/15 in der Stadt Altkirch oder Umgebung geschäftlich zu tun gehabt haben, und da Altkirch ebenfalls im oberen Elsaß liegt, reizt die Annahme, daß dieser Meister Michel oder Michel Wesser als Kunstschreiner, Bildhauer oder Faßmaler mit Grünewald in einen Altarauftrag für Isenheim sich geteilt hat. Es ist heute schon aus Gründen des Stiles sicher, daß die Donaueschinger Magdalenenklage ebenfalls aus Isenheim stammt, daß also Grünewald dort mindestens zwei Altarwerke geschaffen hat. Man wird bei der reifen Höhe des Isenheimer Malwerkes eine Ansetzung in den Zeitraum von 1513/15 durchaus für möglich halten dürfen, vorausgesetzt, daß das früher anzusetzende Schreinwerk des Altars zeitlich nicht zu stark von diesem Datum abrückt. Eine Zeitlang war das für sich wirkende mächtige Schnitzwerk gewiß auch ohne die überdeckenden gemalten Teile und Flügel denkbar. Die bald angezweifelte, bald hartnäckig verteidigte Jahreszahl 1515 auf der Salbbüchse der Magdalena in Isenheim gewinnt so eine erhöhte Bedeutung.

Der nachgewiesene Aufenthalt Holbeins d. Ä. in Isenheim von 1516 an schließt sich hier ganz ungezwungen an; denn man darf annehmen, daß Holbein die Ausstattung der Kirche, die kurz zuvor durch neue Schiffbauten erweitert worden war, zu Ende geführt hat, und zwar nach der ansprechenden Vermutung H. A. Schmids durch Entwürfe für Glasgemälde, da ja der Altarschmuck der Kirche vollendet war. Wenn jedoch Schmid recht hat, und wir folgen ihm hier durchaus, daß der Schongaueraltar aus der Zeit um 1480 unter dem Lettner der ehemalige Hochaltar war, dann liefert uns der im Jahre 1505 in den gleichen Maßen als Gegenstück erstellte Wechtlinaltar mit großer Wahrscheinlichkeit das Datum der Erstellung des großen neuen Schreinwerkes, nämlich eben das Jahr 1505. Die so gewonnene Jahreszahl scheint uns aus den bereits genannten Gründen einer um acht Jahre späteren Ansetzung der Gemälde nicht zu widersprechen. Von der *Baugeschichte* der Kirche her lassen sich engere Entstehungsgrenzen für den Altar nicht ziehen. Guersi bestellt 1493 das neue Chorgestühl, läßt dann die Sakristei bauen, das Chor einwölben, verlängert und erweitert das Schiff und setzt den Turm in den Jahren 1490 bis 1516, dem Jahr seines Todes. Aber wie sich die Bauzeiten auf die einzelnen Jahre verteilen, läßt sich heute nicht mehr sagen. Aus der Präzeptorenliste aus der Zeit kurz nach 1670 geht nur hervor, daß die Seitenschiffe bei Guersis Tode noch nicht ganz fertig waren — collateralibus inchoatis et fere perfectis. — In dieser Liste wird er auctor *iconis ad altare maius* genannt. Will man den Ausdruck icon pressen, so ergibt sich daraus seine Urheberschaft an den *gemalten* Teilen des Hochaltares, die ja tatsächlich sein Wappen zeigen — er pflegte überall seinen Anteil durch sein Wappen auszuweisen (ut ex eius insignibus undique micantibus lucet). In der Gebweiler Chronik des Hans Stoltz um 1540 wird ihm zwar die „Thaffel uff dem Fronaltar" schlechthin zugewiesen, doch verdient die Isenheimer Quelle den Vorzug. Das große Altarwerk ging somit auf zwei verschiedene Besteller zurück.

In die Zeit des Isenheimer Aufenthaltes fällt auch die *Donaueschinger Magdalenenklage*. Sie ist zwar eine Nachbildung aus dem Jahre 1648, aber gerade dieser Umstand liefert uns überraschenderweise die näheren Anhaltspunkte für die Bildgeschichte der verlorenen Vorlage. In der rechten oberen Ecke sitzt nämlich das Wappen des Abtes Franz I. Chullot von St. Blasien (1637—64). Dieser Chullot, 1599 geboren, war der Sohn des vorderösterreichischen Prokurators Claudius Chullot in Ensisheim,[42] das nur eine starke Stunde von Isenheim entfernt liegt. In seinen jungen Jahren mag er die eigenartigen Schöpfungen des großen Meisters im benachbarten Isenheim gesehen und von ihnen seltsam und nachhaltig berührt worden sein. Als er als Abt daranging, die in der Hauptsache auf Nachbildungen berühmter Meister aufgebaute Gemäldegalerie seines Klosters fortzuführen, ließ er durch seinen Kopisten Christoph Kraft[43] auch Stücke aus der Isenheimer Gemäldereihe auf die Leinwand werfen, da die Urbilder für das Kloster nicht greifbar waren. In diese schlüssigen äußeren

Zusammenhänge fügt sich der Stilbeweis bündig ein. Schon Rieffel hat die Zeichnung Grünewalds in der Sammlung Licht in die Frühzeit des Meisters verwiesen, und neuerdings tut dies mit vermehrten Gründen und unter Ausdehnung auf die andern Magdalenenstoffe aus der einstigen Studienmappe des Meisters Guido Schönberger.[44] Die stilistische Haltung ist durchaus verwandt, und die stark gerillten Aermel finden sich auch hier, wenn auch naturgemäß das eine oder das andere, so das Spiel der Hände, barock umgesetzt, geschwächt und gemildert ist.

Die Klosterkirche Isenheim besaß tatsächlich einen Magdalenenaltar, der zugleich dem heiligen Bartholomäus geweiht war und in der Sakristei stand. Guido Guersi, der sich den Grünewald nach Isenheim verschrieb, ließ sich sogar davor begraben, und man darf annehmen, daß ihn mit diesem Altar die persönlichen Beziehungen eines Stifters verbanden. Unsere Tafel war sicher, nach der Darstellung und nach der Graumalerei zu schließen, ein Außenflügel, mit dem ein anderer zusammenstieß, der, dem blutigen Vortrag von Golgatha entsprechend, vielleicht das Martyrium des heiligen Bartholomäus zeigte, der nach der Legende an einem kreuzartigen Pfosten hängend geschunden ward.

Daß das Münchener Mauritiusbild vor 1518 anzusetzen sei, schließen einige Forscher (so Zülch) neuerdings aus der Tatsache, daß die Abzeichen der Kardinalswürde fehlen. Ein Mann von der krankhaften Selbsteinschätzung eines Albrecht von Brandenburg, sagt man, hätte diesen äußerlichen Mangel auf einem von ihm bestellten Gemälde, das ihn im Bilde wiedergibt und auf der Parure seiner Albe seine dreifache hierarchische Würde ausführlich erzählt, nicht hingehen lassen. Dazu stimme auch das jugendliche Gesicht des Dargestellten (Hagen). Daß sich die Kardinalsinsignien auf dem Rahmen befanden, wie Schmid glaubt, ist auf alle Fälle unwahrscheinlich. Daß das Bild für Halle geschaffen wurde, ist noch nie ernstlich bezweifelt worden. Die Stiftskirche besaß nach dem Inventar vom 3. Oktober 1525 „uff dem Altar Mauricij, an des probst seitten im auffgang Eyne künstliche gemahlte taffel mitt sanct. Moritz und S. Erasmo etc.“. Der Altar stand also in der südlichen Abseite, ihm gegenüber an der Nordseite („an des dechants seitten") ein Magdalenenaltar. Beide kamen 1540 in die neue Residenz in Halle, später nach Aschaffenburg, dem Lieblingsaufenthalt Albrechts im Mainzer Sprengel, und von hier die Mauritiustafel 1836 nach München an die Pinakothek. 1516 zu Ostern kommen nach Thomas Cresses Annalen bedeutende Reliquien des heiligen Erasmus nach Halle, 1518 wird die Stiftskirche den Dominikanern abgenommen und als solche von Albrecht eingerichtet (nicht errichtet). Der für seinen Plan begeisterte Kurfürst ließ erhebliche Erneuerungsarbeiten vornehmen und nicht nur das ganze Dach umdecken und die häßlich wirkenden halbkreisförmigen Giebel aufsetzen, um den Körper der Kirche hochzuziehen, sondern auch im Innern neben kleinen baulichen Veränderungen einen bunten Bodenbelag einziehen. Die Stiftskirche sollte nach dem Dome an Bedeutung die zweite Kirche des Erzbistums Magdeburg werden. Die ganze Ausstattung wurde erneuert, die alten Altäre über die Längsschiffwände verteilt. An ihre Stelle traten durchweg neue mit neuen Motiven (sicher ist dies für den Kreuz-, Mauritius-, Magdalenenaltar und wahrscheinlich für den Hochaltar). Die Arbeiten waren erst 1523 soweit gediehen, daß am 15. Juli der Einzug der Stiftsherren und am 23./24. September die Einweihung erfolgen konnte. Patrone waren Moritz (zugleich Patron des Erzbistums und der Moritzburg), M. Magdalena (zugleich Patronin der Schloßkirche) und Erasmus. Die Konsekration erstreckte sich über zwei Tage, da offenbar sämtliche Altäre geweiht werden mußten. Das ist wieder ein Beweis für die großen Umstellungen, die sich vollzogen hatten.[45] Der Mauritiusaltar kann daher kaum vor 1523 aufgestellt worden sein und ist unbedingt auf 1522/23 anzusetzen. Die größeren Zahlungen an den Maler aus der Hofkasse in den Jahren 1524/25 sprechen gleichfalls dafür. Der Einwand mit dem Fehlen der Kardinalsabzeichen beruht auf einer Täuschung. Die drei Wappen auf der Parure der Albe sind ja die Wappen der drei geistlichen Stifte Mainz, Magdeburg und Halberstadt. Nur wenn das persönliche Schild Albrechts angebracht wäre (wie bei der Beweinung in Aschaffenburg), müßte man füglich die Abzeichen der Kardinalswürde erwarten.

Um die frühe Entstehung vor 1518 zu retten, wendet man weiter ein, daß das Bild auch seine Schwächen habe. Daß der Aufbau der rückwärtigen Gruppe vollkommen unklar sei. Daß hier Beine gemalt sind, denen keine Köpfe entsprechen und umgekehrt. Daß dies regelmäßig — bis zum Erweis des Gegenteils — das Kennzeichen eines nicht ausgereiften Stiles sei. Wir können dem noch hinzufügen, daß selbst die Form des lebhaften Zwiegesprächs, die auf den ersten Blick verblüfft, keine unbedingte Neuheit ist; denn sie findet sich genau so als bewegte Unterhaltung zweier Heiligen — St. Blasius spricht mit seiner gezopften Kerze in fast bedrohlicher Weise auf St. Katharina ein, dazwischen drängt sich St. Georg — in dem 1510 und 1512 bei Hans Othmar in Augsburg (desgleichen 1514 bei Schönsperger und 1516 bei H. Miller) aufgelegten Taschenbüchlein aus dem Ries mit Holzschnitten von H. Burgkmair (und Schäufelein).[46]

Trotz alledem! Wer das Gewicht der äußeren Gründe — Fertigstellung und Einweihung der Stiftskirche 1523 — nicht anerkennen will, darf sich der *hervorragenden Gesamthaltung* des Bildes, die eine so frühe Ansetzung verbietet, nicht entziehen. Es ist nach Schmid „das Letzte und Höchste, was der Künstler geleistet hat". Man geht hier gerne von der fabelhaft durchmodellierten Hauptfigur aus, die den Besteller wiedergibt, und an die der Maler wirklich sein Letztes gerückt hat. Aber es ist nicht nur dies: es ist das ins Große und Prunkvolle übersetzte Burgkmairmotiv, das geistig Angeregte und Aufeinanderbezogene der beiden Hauptpersonen und vor allem die Geschlossenheit und Abgeklärtheit des farbigen Vortrags, alles unterstützt durch das große Format. Dinge, die allerdings nur vor dem Bilde selbst empfunden werden wollen.

Und nun die nicht ganz leichte Frage der Entstehung der *Aschaffenburger Beweinung* mit den beiden Wappen des Albrecht von Brandenburg und des Dietrich von Erbach, letzterer 1434 bis 1459 (!) Erzbischof von Mainz. Daß sie gleichzusetzen ist mit der „gemahlten taffel mit der Deposicion" am Pfeiler hart neben dem rechten Seitenaltar des Lettners mit den vierzehn Nothelfern (so Schmid und Hagen) in der Stiftskirche zu Halle, ist sicher nicht richtig. Schon Schmid empfindet, daß das friesartige Längsformat der Anbringung an einem Pfeiler widerstrebt. Auch steht der „Deposicio" parallel eine Beschuldigung der Ehebrecherin am Pfeiler neben dem linken Seitenaltar, so daß eher auf ein Hochformat, keineswegs auf ein Friesbild geschlossen werden kann. Das Bild hat die üblichen Abmessungen einer kleinen Predella und mag die figurenreiche Kreuzigung („eyn crucifix mit eym großen gedrenge") des sicher nicht großen Kreuzaltares unter dem Lettner getragen haben. Daß zu den Händen der Maria der Rumpf fehlt — als Teilstück eine klagende Geste von seltener Kraft des Ausdrucks — ist eigenartig, aber das Bild ist nicht beschnitten, wie Schmid festgestellt hat. Auch von Kreuz und Leiter ist nur der Fußpunkt zu sehen. Man konnte sich aber mit diesen Andeutungen begnügen, wenn unmittelbar darüber eine Kreuzigung stand. Diese, die ja das Auge der Neugläubigen nicht beleidigte, blieb wohl an Ort und Stelle, während die Predella mit den Merkmalen persönlicher Schenkung nach Aschaffenburg ging. Hier empfand man das zweite Wappen — war es das des Stiftes von Halle? — offenbar als ortsfremd und unverständlich und ersetzte es in unbekannten Jahren in Anlehnung an das Bischofswappen des Albrecht von Brandenburg durch das Bischofswappen des Beziehungen zu Aschaffenburg aufweisenden Geschlechtes der Erbach, eine überlegte und doch sinnlose Sache. Die wappenhaltenden Figuren sind natürlich nicht die Stifter — wann hat man je einen Bischof mit blauem Rock und grüner Kapuze abgebildet? Und wo erscheint der Träger eines Wappens als sein eigener Wappenhalter? — sondern zumal sie nach Schmid lebhaften Anteil an dem Vorgang nehmen, wohl Nikodemus und Josef von Arimathäa, wie das händeringende und nicht betende Weib sicher die Magdalena ist. Es besteht ja auch keine nur entfernte Aehnlichkeit des Mannes mit der Kapuze mit Albrecht von Brandenburg.

Man wird Schmid durchaus recht geben, daß der Stil des Bildes zu einer möglichst späten Ansetzung nötigt. War es wirklich die Predella des Kreuzaltares von Halle, dann wird es vom Meister um 1523—25 geschaffen worden sein, jedenfalls vor 1526, dem Jahr seines Ausscheidens als Hofmaler.

Joseph Hohbach nimmt an, daß diese Beweinung 1528 oder 29 als

Teil des Hauptaltares der Kirche vom heiligen Grab in Thiergarten bei Aschaffenburg (jetzt Ruine im Schöntal) entstanden sei. Diese Kirche war zwar 1528 nach Hohbach geplant, wurde aber erst 1542 bis 1545 (!) erbaut. Daß Altäre für noch nicht erbaute Kirchen vergeben (und ausgeführt!) werden, ist u. W. ohne jeden Vorgang. Beweinungen als Altarstaffeln sind eine bekannte Erscheinung. Man braucht zu ihrer Erklärung nicht auf eine Heiliggrabkirche zurückzugreifen. Der Mann mit blauem Rock und grüner Kapuze ist nicht der „Drittordensbruder (?) Albrecht im schmucklosen Gewand und der Kapuze des heiligen Franziskus". Und das zweite kleinere Wappen ist ursprünglich nicht das des Erzbischofs Theoderich von Erbach, der hundert Jahre früher den Tiergarten (im buchstäblichen Sinne!) gegründet hat; denn das heute sichtbare Wappenbild ist nicht von der Hand Grünewalds, wie H. A. Schmid schon 1911 festgestellt hat. Hohbach hilft sich daher dadurch, daß er Grünewald während der Ausführung dieses Wappens sterben läßt.

Die Tauberbischofsheimer Tafeln, jetzt in der Badischen Kunsthalle in Karlsruhe, sind so weich und tonig gehalten, so stark unter Verzicht auf formale Bedenken auf Ausdruck gearbeitet, dabei in der Wahl des Farbenakkords so kühn und unerhört, daß hier reifer Spätstil greifbar wird. Nachdem jedoch neuerdings nahe Beziehungen zu dem bald nach 1520 entstandenen Fresko im Mainzer Kapitelsaal erwiesen sind, treten wir der von Schmid gegebenen Zeitbestimmung von 1522/23 (Hagen 1520/23) bei. Einlagerungen Holbeinscher Stilformen zumal in der Kreuzschleppung stützen diese Ansetzung.

Die ursprünglich eine, auf beiden Seiten bemalte Tafel eignete nach einem Bericht des Pfarrers Johann Sebastian Severus aus der Mitte des achtzehnten Jahrhunderts dem Altar des heiligen Kreuzes in der Pfarrkirche zu Tauberbischofsheim. Severus spricht von einer „elegans pictura artificis Alberti Dürer manu facta" und beschreibt die beiden Bildseiten,[47] die offenbar damals noch durch Drehung in Zapfen, die einer Rinne entlang liefen (so die ansprechende Vermutung Berberichs),[48] sichtbar gemacht werden konnten. Der Altar stand aber nicht am Aufgang zum Chor (so Oechelhäuser, Schmid, Hagen), wo sich seit den Tagen des Mittelalters ein Altar der heiligen Margareta und seit dem siebzehnten Jahrhundert ein Stephansaltar erhob, sondern in der zweiten Kapelle des nördlichen Seitenschiffes, in die 1493 ein neues Benefizium St. Crucis gestiftet wurde, das wieder von dem Pfarrer Friedrich Virenkorn 1504 und 1515 durch Zustiftungen vermehrt wird. Da hier jedoch immer von der Altar*pfründe* die Rede ist, sind die genannten Jahreszahlen für eine zeitliche Ansetzung unserer beiden Bilder belanglos. Doch war Virenkorn zugleich im Besitz der Pfründe St. Barbara und Jodok bei St. Agatha in Aschaffenburg und mag daher den Maler dort kennengelernt haben. Die Fassung der Bibelstelle auf der Kreuztragung: Esaias 53, ER IST VM VNSER SVND WILLEN GESCLAGEN braucht nicht auf die Lutherübersetzung, Wittenberg 1528 zurückzugehen; denn sie stimmt mit der noch heute geläufigen katholischen[49] (...zerschlagen) wörtlich überein, und die Schreibung des Prophetennamens Esaias („Esayas“ schreibt Virenkorn in seiner Stiftungsurkunde von 1504) ist die katholische Fassung. Also auch von hier aus versagt die Möglichkeit der zeitlichen Festsetzung.

Von den *beiden* anderen *Kreuzigungen* ist die Basler noch sichtlich befangen, aber doch schon deutlicher Aufbruch starker Leidenschaftlichkeit und einer neuen Massenverteilung. Man wird sie in einem gewissen Abstand von der Verspottung, also um 1508 ansetzen müssen.

Und die neuentdeckte in rheinischem Privatbesitz, das lange verloren geglaubte sogenannte „kleine Crucifix“, das Sandrart bei Herzog Wilhelm V. von Bayern sah, ist deutlich der reifen Stufe der Karlsruher Kreuzigung angenähert. Es zeigen nicht nur die beiden Madonnen eine weitgehende Verwandtschaft, sondern die Gesamthaltung, vor allem die größere Geschlossenheit des Bildaufbaues (die zweifellos als Ausdruck einer gereiften Entwicklung zu werten ist) und das malerisch-tonige Verschwimmen der Formen gegenüber der harten Kontur der Basler und Isenheimer Kreuzigung verbinden das kleine Crucifix mit dem Karlsruher Bilde zu einer inneren Einheit, d. h. zu zeitlicher Nachbarschaft.

Die von August L. Mayer und Guido Schönberger (gegen Schmid und Hagen) dem kleinen Crucifix eingeräumte Mittelstellung zwischen Basel und Isenheim vermögen wir daher nicht einzusehen. Schönberger scheint selbst zu fühlen, daß der Faltenwurf im ganzen dem Karlsruher doch sehr nahekommt. Und was an verwandten Zügen mit dem Isenheimer Werk vorhanden ist — das sicher noch lange in der Vorstellung des Meisters nachklang —, wird um so eher begreiflich, wenn wir heute wissen, daß der Isenheimer Altar mit großer Wahrscheinlichkeit in die Mitte des zweiten Jahrzehnts zu setzen ist, also den Karlsruher Tafeln näher rückt. Den muldenförmigen Wülsten des Johannesmantels im kleinen Crucifix steht unter allen Schöpfungen des Meisters am nächsten die Faltengebung der heiligen Dorothea, die sicher ein Spätwerk und wohl als Studie zum Mainzer Dombild um 1520 entstanden ist. Man wird die kleine Tafel daher auf 1519/20 bestimmen können.

Ueber die zeitliche Folge der Zeichnungen werden wir uns an Ort und Stelle auslassen.

Wir gewinnen so diese zeitliche Reihe erhaltener und verlorener Gemälde des Meisters:

| | |
|---|---|
| 1503 | Lindenhardter Altar |
| Um 1505 | Verspottung |
| Um 1508 | Basler Kreuzigung |
| 1511—12 | Hl. Diakone in Frankfurt |
| 1511—12 | Verklärung in Frankfurt |
| 1513—15 | Isenheimer Altar |
| Um 1515 | Magdalenenklage in Isenheim |
| Nach 1515 | Altar in Oberissigheim |
| 1519 | Mariaschneealtar in Aschaffenburg |
| 1519—20 | sog. „kl. Crucifix“ |
| 1520 | Mainzer Dombilder |
| 1521—22 | Mainzer Kapitelsaal |
| 1523 | Mauritius und Erasmus |
| 1522—23 | Karlsruher Kreuzigung aus Tauberbischofsheim |
| 1522—23 | St. Johannes Ev. in Rom |
| 1523—25 | Beweinung in Aschaffenburg. |

# Die Gemälde

## Der Lindenhardter Altar

Die zwei Außenflügel mit den vierzehn Nothelfern und die Schrein=rückseite mit dem Schmerzensmann sind von der Hand Grünewalds.
Linker Außenflügel: Im Vordergrund St. Georg. Dahinter die HHl. Margareta, Katharina, Barbara, Blasius, Christoph, Pantaleon, Eusta=chius (acht Heilige).
Rechter Außenflügel: Im Vordergrund St. Dionysius, dahinter die HHl. Aegidius, Cyriakus, Achatius, Vitus und Erasmus (sechs Heilige).
Maße: h. 159,5 cm, br. 68,5 cm, Tannenholz.
Schreinrückseite: Der Schmerzensmann, br. 153 cm.
Entstehungszeit: 1503. Die Jahreszahl rechts in die Außenseite des Schreines eingeschnitten.
Der Lindenhardter Altar steht unbedingt am Anfange der heute über=sehbaren Entwicklung des Meisters. Die Zuschreibung des Münner=städter Kiliansaltars von 1495 an den jungen Grünewald durch den sonst so verdienten Entdecker der Verspottung, Heinz Braune, ist ein offensichtlicher Fehlgriff. Hier spricht ein durchaus naives, von keiner Fragestellung getrübtes Lebensgefühl, und von dem späteren Grünewald ist auch nicht eine Spur vorhanden. 1495 stimmt auch schlecht zum Lebensrahmen des Meisters. Dasselbe gilt von der Zuweisung des Werkes des Bergmann=, Dominikus= und Birgitten=meisters an Grünewald durch H. H. Naumann.
Der Altar stand ursprünglich in Bindlach, 7 km nordöstlich von Bayreuth, und wurde im Jahre 1685 der abgebrannten Kirche in Linden=hardt bei Schnabelwaid geschenkt. Der Mittelschrein zeigt als Schnitz=werk die Madonna, begleitet von den HHl. Otto, Bischof von Bamberg, und Vitus. Die Innenflügel tragen Flachbilder, und zwar der linke

die HHl. Wolfgang und Bartholomäus, der rechte das heilige Kaiserpaar Heinrich und Kunigunde. Die Figuren verraten Nürnberger Einfluß, und der besonders kräftig geformte Vitus gemahnt an den großzügigen Linienfluß der Veit Stoß'schen Werkstatt. Doch ist die von Karl Sitzmann angenommene Verwandtschaft mit dem Nürnberger Laurentius fragwürdig, da der Faltenwurf vollkommen abweicht.

Sitzmann, Studienprofessor in Bayreuth, keineswegs ein Zünftiger, aber ein Mann mit offenen Augen, hat das große Verdienst, schon 1915 in den gemalten Außenflügeln die Hand Grünewalds entdeckt und seinen Fund in vollkommen überzeugender Form als selbständige Schrift im Jahre 1926 der großen Oeffentlichkeit vorgelegt zu haben.[50] Der Beweis läßt sich, wie Sitzmann richtig erkannt hat, durch zahlreiche Vergleichspunkte erhärten, die über das Verspottungsbild, die Begegnung des Mauritius und Erasmus, den Jesusknaben auf der Vorzeichnung zur Stuppacher Madonna und nicht zuletzt über das kniende Stifterpaar des Schneewunders zum geistvollen Stift Grünewalds als unmittelbare Quelle zurückleiten. Auch die tulpenartigen Kronenzacken der heiligen Katharina (muß wohl heißen Barbara) haben ihr ausgesprochenes Gegenstück in der Spange auf der linken Schulter des heiligen Cyriak in Frankfurt. Die Zuweisung des Altares an Grünewald hat auch nirgends Widerspruch gefunden.

Man gewahrt deutlich, wie der Maler sich *formal* durch die schwierige Aufgabe beengt fühlte, auf zwei schmalen Hochbildern die Gestalten der vierzehn Nothelfer unterzubringen, deren Verehrung hauptsächlich von Bamberg aus seit dem fünfzehnten Jahrhundert ihren Weg durch Deutschland nahm. Er half sich in der Erkenntnis der Unmöglichkeit, anders eine befriedigende Wirkung zu erzielen, und im gesunden Bestreben, die beiden Gruppen rhythmisch zu gliedern, in der Weise, daß er je einen Heiligen auf jeder Tafel in vergrößertem Maßstabe beherrschend in den Vorderplan der untiefen Raumbühne rückte und den Rest der Figuren im Hintergrunde zusammenschob, wo sie, freilich in drangvoller Enge, beisammenstehen, den Blick verwirren und kaum Gelegenheit haben, ihre Erkennungsmarken, d. h. ihre ikonographischen Beigaben, zu zeigen. Das *Bildgefüge* ist so dicht, daß die hintersten Figuren, deren Standort außerdem künstlich erhöht erscheint, nur als Büste sichtbar sind — eine durchaus veraltete Form der durch Uebereinanderreihen von Köpfen ersetzten Tiefensicht, die deutlich den Anfänger verrät. Häufige Ueberschneidungen und Verzeichnungen erschweren die eindeutige Zuweisung der Hände und Abzeichen an ihre Träger. Das *Raumgefühl* ist noch ganz unentwickelt wie bei der Verspottung in München. Die Gestalten der Heiligen bewegen sich wie bei der frühen Donaueschinger Passion Holbeins d. Ä. auf einer Art schmaler Vorbühne, an deren Rückwand sie sich hochschieben, eine wie gesagt durchaus mißlungene Vortäuschung der nicht vorhandenen Raumtiefe. Für die Art, wie Einzelfiguren, so der heilige Achatius, teilnahmslos und in vollkommener Seitenstellung dem Bildrande zugewendet aus dem Bildgefüge hinausstreben, vergleiche man die Auferstehungsbilder Holbeins d. Ä. in Donaueschingen, Kaisheim und Frankfurt (hier in seiner Passion überhaupt häufig) und sein Martyrium der heiligen Katharina in Augsburg, also (letztere ausgenommen) ausgesprochene Eigenheiten der Holbeinschen Frühzeit, für die ja, wie wir gesehen haben, eine Einflußnahme auf Grünewald gesichert ist.

Das Feinnervige des Meisters hat natürlich nicht Raum genug, sich auszusprechen. Aber es ist in den erregt gespreizten Händen und in der seltsam geschwungenen Form des Stechschildes St. Georgs, die sich im Mantelumriß der heiligen Barbara konzentrisch wiederholt, deutlich fühlbar.

In der *Farbe* sind die beiden Bilder als Außenflügel stark verhalten und unbunt. Eine kleine, in den Ergänzungsfarben Rot und Grün sich bewegende Farbenleiter zeigt immerhin reich abgestufte Tonwerte mit vielen Graustufen. Das Malverfahren ist Tempera, und der Kreidegrund ist, wie Sitzmann gefunden hat, so dünn, daß die Maserung des Holzes durchkommt, wie etwa bei der Verspottung und der Karlsruher Kreuzigung.

Der Schmerzensmann der *Schreinrückseite* zeigt die lockeren weichen Formen, die durch Jacopo de Barbari damals als „letzte Neuheit" den Malern in Nürnberg und anderswo vermittelt wurden. Er

steht, bloß mit dem Lendentuch bekleidet, auf grünem Rasen vor dem Kreuzesstamm zwischen Lanze und lodernder Fackel. Von dem auf der Vorderseite roh gehobelten, im übrigen noch mit der Rinde versehenen Querbalken hängen nach Sitzmann — das Bild ist stark beschädigt — geißelartige Marterwerkzeuge herab. Der Hintergrund ist dunkelrot gehalten.
Malereien an Außenflügeln wurden sonst gerne an Gesellen gegeben. Jedenfalls muß Grünewald damals Anfänger gewesen sein, sonst wäre ihm dieser bescheidene Auftrag nicht geworden. Es wäre denn, daß man ihm den ganzen Altar, also auch das Schnitzwerk, zuweist. Für bildnerische Arbeiten Grünewalds fehlen aber einstweilen alle Belege.

## Die Verspottung Christi

Alte Pinakothek, München, h. 109 cm, br. 73 cm, Fichtenholz.
Die Tafel, von Heinz Braune 1909 als Arbeit Grünewalds erkannt,[51] kam 1803 aus dem Münchener Karmeliterkloster zur Gemäldegalerie, wurde 1809 leihweise an die Universität Landshut abgegeben und mit dieser nach München überführt. 1910 wurde das Bild an die alte Pinakothek zurückgegeben.
Die aufgemalte Jahreszahl 1503 hat der Reinigung des letztgenannten Jahres nicht standgehalten, war aber vermutlich vom alten Rahmen übernommen. Eine Nachbildung, gefertigt für Hartmut XV. von Cronberg, Viztum von Aschaffenburg (gestorben 1616), befindet sich in Privatbesitz in Wiesbaden. Man schließt von dem Besteller der Kopie auf eine ursprüngliche Stiftung der Familie von Cronberg in der Nähe von Frankfurt a. M. Die Form der (gefälschten, aber eine alte echte ersetzenden) Inschrift mit der genauen Zeitangabe des 23. Dezember läßt in der Tat an ein Grabmal denken, zumal nach H. A. Schmids eingehenden Untersuchungen unten eine Leiste saß, die wohl eine Widmung trug. Da die Zeichenakademie in Hanau eine weitere Nachbildung auf Leinwand aus dem Ende des siebzehnten Jahrhunderts verwahrt, muß das Urbild sich tatsächlich in der Gegend, d. h. im Bezirk von Wiesbaden, Frankfurt, Hanau befunden haben, und

zwar noch Ende des siebzehnten Jahrhunderts, so daß eine Schenkung oder ein Verkauf an den Kurfürsten Maximilian von Bayern, wie Karl Simon anzunehmen scheint, ausgeschlossen ist. Dagegen hat die weitere Annahme Simons, daß das Bild in der 1500 ff. Jahre neu ausgestatteten Karmeliterkirche von Frankfurt hing, Wahrscheinlichkeit für sich, wenn Beziehungen der Familie von Cronberg zu dieser Kirche nachzuweisen sind. Wir haben uns darüber bei der zeitlichen Einreihung der Gemälde ausführlich geäußert.

Daß die Jahreszahl 1503 nur eine beschränkte zeitliche Festlegung des Bildes gestattet, haben wir ebenfalls schon oben ausgeführt. Der 1503 datierte Lindenhardter Altar Grünewalds verlangt ein gewisses zeitliches Abrücken der Münchener Verspottung, die eine deutliche Weiterentwicklung des Meisters offenbart. Man wird sagen können: frühestens um 1505.

Das *Frühwerk* wird auf alle Fälle greifbar. Der Bildentwurf ist noch stark befangen. Zwei Köpfe im Hintergrunde, denen der Rumpf und die Beine fehlen, sind lediglich Füllwerk. Nicht nur der prachtvolle Scherge mit seiner gespreizten Ausfallstellung ist in seiner Bewegungslinie sprechend Holbeinisch und erinnert nicht nur an den die schneidende Schräge ausprägenden Schergen auf der Donaueschinger Gefangennahme, sondern auch das Holbeinsche Beiwerk zeigt mehr als in irgendeinem andern Bilde Grünewalds das Schulverhältnis: Man besehe sich den Spielmann und dann vor allem die Zweiergruppe rechts, wo anscheinend Joseph von Arimathäa mit der Sendelmütze auf den Profoß im Sinne der Menschlichkeit einredet. Eine ganz verwandte Gruppe auf der Geißelung Holbeins in Donaueschingen! Freilich ist die Romantik Holbeins überall ins Derb-Bürgerliche umgesetzt.

Schon Mina Vögelen hat an das Donaueschinger Bild erinnert.[52] Sie verweist ferner auf die Gefangennahme von Ouwater und von Bouts, beide in der alten Pinakothek. Sie hätte auch den Meister der Dominikuslegende in Darmstadt nennen können, mit andern Worten, die Darstellung geht eben auf eine ältere, stark *verbreitete Vorlage* zurück. Für die Gestalt des von rückwärts auf den sitzenden Heiland einschlagenden Schergen und den Heiland mit den verbundenen

Augen vergleiche man das Bild im Breviarium Grimani von G. van der Meire.

In der *Farbgebung* ist das Bild stark bunt, von Holbeinschen Tinten beeindruckt, wie H. A. Schmid an der Kaisheimer Folge nachwies, nicht auf Gesamtstimmung gearbeitet, wenig geschlossen, farbig vielmehr zerrissen und ohne alle Ansätze zu jener fabelhaften Abgestimmtheit und tonigen Geschlossenheit des Mauritiusbildes. Es ist bezeichnend, daß sich die Tafel in der Schwarzweißwiedergabe viel besser zusammenschließt. Aber die Herausstellung des Wesentlichen, die Auflockerung des Bildgefüges und die dramatische Spannung, die der geschichtlichen Lage Rechnung trägt, zeigt mit der reicheren Farbenstaffel den immer deutlicheren Aufbruch der Begabung seit den Tagen des Lindenhardter Altares.

## Die Basler Kreuzigung

Oeffentliche Kunstsammlung Basel, h. 74 cm, br. 53,5 cm, Lindenholz.

Die Tafel wird erstmals 1775 unter den Beständen der Sammlung erwähnt. Sie stammt indes, wie Schmid feststellte, nicht aus dem Amerbachschen Kabinett. Da der Weg des Bildes vom ersten Besitzer zum Sammler damals noch klein war, muß man als Ort der ursprünglichen Aufstellung wohl die *Nähe von Basel* annehmen. Schmid denkt an das Antoniterhaus in Basel. Da Grünewald sonst im Süden außer Isenheim nirgends nachweisbar ist, muß die Tafel irgendwie mit dem Isenheimer Auftrag zusammenhängen. Man möchte daher in ihrer zeitlichen Ansetzung nicht zu früh gehen, sondern in die ersten Jahre des zweiten Jahrzehnts. Dem widerstreitet aber eine gewisse formelle Befangenheit. Wir geben zu, daß die Frage kaum befriedigend zu lösen ist. Die Tafel war wohl mehr als ein ausgeführtes Probebild, denn sie trägt rechts oben die Spur eines alten Gelenkbandes, war also ein linker *Altaraußenflügel*, mit dem unterhalb noch ein zweites Bild zusammenhing, das in unbekannter Zeit abgesägt wurde und verschollen ist.

Die *älteste* der zahlreichen Kreuzigungen des Meisters! Ein deutlich erkennbarer Markstein auf dem Wege der Sonderentwicklung

Grünewalds. Denn so sichtbar manches übernommen ist, so die Gruppe zur Rechten als Ganzes, die pathetische Geste des seinen Glauben bekennenden Hauptmanns u. a., so sehr überrascht die Aufteilung der Figuren im Raum, die sichtlich erstrebte Unsymmetrie des Ganzen. Die Verschiebung der Massen in den beiden Bildhälften ist ein vollkommen Neues, wirkt befremdend, aufregend, stimmt bedenklich. Hier nimmt Grünewald seine erste Weichenstellung vor und fährt aus dem Geleise des Hergebrachten seitwärts in nicht beschrittenes Neuland. Auch Einzelzüge verblüffen. So die hier erstmals aus den letzten Tiefen einer erregten Seele geschöpfte Urform des Gekreuzigten, um eine Welt getrennt von den gezirkelten Körpermaßen Dürers, der Menschensohn ohne Gestalt und Schöne, der Auswürfling der Menschheit, der Mann mit den tausend Wunden, für den man weder ein rechtschaffen gezimmertes Kreuz aufbrachte noch ein anständiges Lendentuch.

Die Maßstäbe wechseln bewußt von dem in vollkommener Hilflosigkeit gegebenen Gekreuzigten über die Bekennerfigur des Hauptmanns zum leidversonnenen Johannes und bis zur kleinen, schicksalsergebenen Maria auf der andern Seite des Kreuzesstammes. Die geistige Bedeutung, das Uebersinnliche wird durch sinnliche, greifbare Größenmerkmale unterstrichen.

Das Gegenspiel der beiden Hände der Magdalena mit den unmittelbar darüber gespreizten Zehen des Gekreuzigten geht wie vieles im Bilde dem Beschauer auf die Nerven. Man beachte, wie der rechte Arm aus dem Kopfe herauszuwachsen scheint. Daß Grünewald schon damals einen Blick für Bauformen hatte, beweist der Brustpanzer des Hauptmanns, der sich wie ein geschweiftes spätgotisches Sockelstück beängstigend dem Körper auflegt, dessen Hüfte darunter zur Wespentaille zusammenschrumpft.

Das Auge erblickt überhaupt viel Unausgeglichenes, und man wird sich der ungeheuren Bruchspalte bewußt, die hier nach der Vergangenheit hin aufgerissen wird. Nie wieder, die Donaueschinger Magdalenenklage vielleicht ausgenommen, hat sich der Meister so weit vom Hergebrachten entfernt. Nie ist dem Meister das Bildgefüge so ins

Wanken geraten wie gerade hier. Alle späteren Schöpfungen sind, bei aller Leidenschaftlichkeit im Einzelnen, im Ganzen ausgeglichener und beruhigter als diese Basler Kreuzigung. Oskar Hagen hat recht, daß der Meister hier weit unabhängiger im Einzelnen und unzweideutiger grünewaldisch im Ganzen sich gibt als etwa in der Verspottung, die nur in Einzelzügen eigenständig ist, während sie im Ganzen als schulmäßige Stückelung anmutet.

Die Leuchtkraft der Farbe, die, nimmt man Holbein d. Ä. zum Maßstabe, das Vorbild übertrifft, geht Hand in Hand mit einem Reichtum abgestufter Tonwerte, der nach H. A. Schmid nur in den reifsten Schöpfungen Holbeins des Jüngeren seinesgleichen hat.

## Die zwei heiligen Diakone des Helleraltares zu Frankfurt a. M.

Städelsches Kunstinstitut Frankfurt a. M.
Linker Stellflügel oben: St. Cyriacus. — h. 98,7—99 cm, br. 43 cm. Unteres Bild verloren.
Rechter Stellflügel oben: St. Laurentius mit dem Monogramm des Meisters, MG (verschlungen), daneben N. — h. 98,5—99,2 cm, br. 43 cm. Unteres Bild verloren.

Der Frankfurter Schöffe und Ratsmann Jakob Heller und seine Frau Katharina Melem bestellten bei Dürer einen Altar des heiligen Thomas von Aquin für die Frankfurter Predigerkirche, an dem, wie aus dem erhaltenen Briefwechsel zwischen Dürer und Heller hervorgeht, 1507—09 gearbeitet wurde. Im Oktober 1509 wurde der Altar angeliefert und an dem hintersten rechten Pfeiler des Langhauses aufgestellt. Er zeigte in der Mitte die bei dem Brande der Münchener Residenz untergegangene Himmelfahrt Mariä, ein bis zum letzten Pinselstrich eigenhändiges Werk Dürers, erhalten in der Nachbildung des Jobst Harrich, sodann zwei Innenflügel mit den Namenspatronen und den Bildnissen der Stifter nebst ihren Wappen, ferner zwei Außenflügel mit vier Darstellungen: oben die Anbetung der Könige, auf zwei Flügel verteilt, unten zwei Heiligenpaare, und zwar Petrus und Paulus links, sowie Thomas von Aquin und Christoph rechts. Sämtliche Flügelbilder gehen auf unbekannte Dürerschüler zurück. Später ergab sich offenbar das Bedürfnis, den bei geschlossenen Flügeln zu schmal wirkenden Schrein rechts und links anzustücken. Vielleicht sollte auch unwillkommenes Seitenlicht abgeblendet werden. So entstanden die beiden Stellflügel mit den heiligen Cyriacus und Laurentius. Ihnen entsprachen in der unteren Hälfte zwei weibliche Heilige, von denen die eine eine heilige Elisabeth war. So ist wohl der ungenaue Vermerk Sandrarts zu verstehen, der den Altar um die Mitte des siebzehnten Jahrhunderts noch an Ort und Stelle sah und den heiligen Cyriakus, weil er ein Buch trägt, offenbar mit Stephanus verwechselt hat. Die Gegenüberstellung von Stephanus und Elisabeth wäre jedenfalls ganz ungewöhnlich gewesen.

Man möchte annehmen, daß ein Zeitraum von Jahren zwischen den Frühwerken und den beiden Diakonen von Frankfurt klafft. Jahre, in denen ein neues, an Dürer gebildetes Körpergefühl, eine gewisse kubische Fülle den Formgedanken des Meisters bestimmt. Nicht im Sinne einer Dauerentwicklung, sondern als einmaliges Vorkommen. Denn schon die Körperlichkeit des zeitlich am nächsten stehenden Isenheimer Altares ist anders geartet. Und ein schmuckhafter Zug liegt über diesen Tafeln, der sonst dem Meister nicht geläufig ist. Grünewald hat wiederholt neue Lösungen versucht, die er alsbald wieder verwarf. Darum steht manches bei ihm völlig einsam.

Wir müssen uns klar sein, daß Grünewald sich hier in den Rahmen eines *fertigen Altares* zu fügen hatte. Schon die Grau in Graumalerei war in den vorhandenen beweglichen Außenflügeln vorgefunden, also eine gegebene Sache. Aber die Art, wie hier der Maler aus der Not eine Tugend macht und den Verzicht auf die Farbe zu einem *Reichtum der Modellierung* innerhalb weniger Tonstufen umbiegt, gehört zu den unglaublichen Ueberraschungen, denen wir bei Grünewald immer wieder begegnen. Was die fehlende Raumtiefe und die unbunte Farbigkeit ihm hier an Schranken auferlegten, hat er in der fabelhaften Herausarbeitung der Binnenform und zugleich in der ungeheuren Bewegtheit der Außenlinie hereingeholt und so eine überaus malerische Wirkung geschaffen. Vielleicht reizte ihn das Bestreben, zu zeigen, daß er mehr konnte als der unbekümmerte Dürerschüler, dessen schwächliche Mache er auf den Stellflügeln notgedrungen fortsetzen sollte. Heinrich Weizsäcker[53] glaubt zwar, daß Grünewald den Altar nicht gesehen hat, weil die Maße der dargestellten Figuren von denen der beweglichen Außenflügel abweichen. Aber da sich die Breite der Flügel wie 3,5:2,4 verhält und von Grünewald nur eine Figur statt ihrer zwei auf jeden Flügel zu malen war, so mußten die Gestalten Grünewalds wohl vollwüchsiger ausfallen als die andern, um den größeren Raum einigermaßen auszufüllen.

Wie dem nun sei, die Reife dieser Schöpfungen spricht so unmittelbar überzeugend zum Beschauer, daß man sie in die Jahre 1511, 1512 oder gar 1513 zu setzen gezwungen ist, um den nötigen zeitlichen Abstand von den bereits aufgeführten Frühwerken zu gewinnen. Wir haben schon im Abschnitt von der zeitlichen Einreihung der Werke Grünewalds gesehen, daß äußere Gründe diese Auffassung zu stützen vermögen. Außerdem mag das Bedürfnis, den im Oktober 1509 aufgestellten Helleraltar durch zwei Stellflügel rechts und links — wohl aus Nützlichkeits- und Schönheitsgründen — zu verbreitern, sich erst im Laufe der nächsten Jahre herausgebildet haben.

## Der Isenheimer Altar

Museum Unterlinden, Colmar i. Elsaß.

Neun Gemälde auf Lindenholz.

Kreuzigung Christi auf zwei Flügeln, h. 269 cm, br. 307 cm.

Rückseite: Verkündigung, h. 269 cm, br. 142 cm, und Auferstehung Christi, h. 269 cm, br. 143 cm.

Geburt Christi (sog. Madonna im Rosengarten und Engelkonzert) auf zwei Flügeln, h. 265 cm, br. 304 cm.

Rückseite: Besuch des heiligen Antonius beim heiligen Paulus, h. 265 cm, br. 141 cm, und Versuchung des heiligen Antonius, h. 265 cm, br. 139 cm.

Der heilige Antonius, h. 232 cm, br. 75 cm. Der heilige Sebastian, h. 232 cm, br. 76,5 cm (Einzelfiguren); Rückseiten unbemalt.

Beweinung Christi auf zwei Predellenflügeln, h. 67 cm, br. 341 cm. Rückseite mit rotem Anstrich.

Der ehemalige Hochaltar der Antoniterkirche zu Isenheim bei Gebweiler im Sundgau (Oberelsaß).

Die zeitliche Bestimmung des malerischen Teils schwankt zwischen 1508—1511 und neuerdings 1513—1515. Wir haben uns oben für die spätere Entstehung entschieden unter dem Druck der Zülchschen Feststellungen, daß der Maler Mathis Gothart Nithart 1513 und 1515 Verträge mit einem Meister Michel Wesser in Altkirch (Oberelsaß) abschließt, die vielleicht irgendwie das Schreinwerk und das Fassen der Figuren betrafen. Sicher ist, daß die Plastik und die Malereien des Altares um Jahre auseinanderliegen. Vöge verlegt das Schnitzwerk in die ersten Jahre des sechzehnten Jahrhunderts.[53a] Nach 1505 dürfte es kaum entstanden sein, weil hier am Oberrhein, wie wir früher gesehen haben, in diesen Jahren ein sehr rascher Stilwandel sich vollzieht.

Ein Werk von größter Eindrucksgewalt, schon durch die Größe der Maße ohne Beispiel in der ganzen Kunst der deutschen Spätgotik!

Der Altar war nicht ein einfacher Flügelaltar, sondern ein sogenannter Wandelaltar, der zweimal geöffnet werden konnte, um dann einen dritten Aspekt freizugeben. Er zeigte also drei Ansichten:

Zunächst in geschlossenem Zustand in der Mitte die Kreuzigung, seitlich als feste Stellflügel, etwas zurückstehend, links den stehenden heiligen Antonius, rechts die Standfigur des heiligen Sebastian.

Sodann, wenn die Kreuzigung in der Mitte geöffnet und die beiden Hälften rechts und links nach außen gedreht wurden, in der Mitte das Engelkonzert mit der sitzenden Madonna und dem Kinde in der Landschaft. Links die Verkündigung, rechts die Auferstehung.

Endlich, wenn das eben genannte Mittelbild in der Mitte geöffnet und die beiden Teile seitwärts umgelegt wurden, den geschnitzten Schrein mit dem sitzenden Ordenspatron St. Antonius, flankiert von den HHl. Augustinus links und Hieronymus rechts. Der linke gemalte Flügel zeigte die beiden heiligen Einsiedler in der Wüste, der rechte die Plage des heiligen Antonius.

Unterhalb des Schreins über dem Altartisch befand sich als Längsform eine Predella mit der gemalten Beweinung Christi, die aufgeklappt den Salvator mit den Zwölf Aposteln als Schnitzwerk zeigte. Wandelaltäre gibt es auch sonst in der deutschen Gotik. Aber das Vorkommen von Stellflügeln ist bezeichnend fränkisch, näherhin nürnbergisch.

Grünewald mag wohl zuerst an die Kreuzigung herangetreten sein. Sie bestimmte die erste Ansicht des Altarwerkes, und der erhabene Gegenstand allein mag schon den Maler gereizt haben, hier mit seinem Pinsel anzusetzen und die tiefergreifende Auffassung der Leidensgeschichte, die sein höchstpersönliches Eigentum ist, sich von der Seele zu schreiben. Diese Kreuzigung war jedenfalls ein wesentlicher Bestandteil der Bilderfolge, und sie sollte sowohl durch die Größe des Maßstäblichen als durch die Größe der Auffassung ihresgleichen überbieten. Also begann der Maler mit der Darstellung des Todes Christi.

Er schob dann die leichtere Aufgabe mit den Standfiguren der heiligen Antonius und Sebastian zunächst beiseite und ging an das zweite Schaubild, und zwar wohl zuerst an die Verkündigung; denn diese zeigt mit der Kreuzigung die meisten Reuezüge, d. h. spätere Abänderungen von der Hand des Malers selbst. Dann muß aber doch das Menschwerdungsbild als beherrschender Bildvorwurf begonnen worden sein, und dazu mag dann der Maler die Seitenflügel mit der Verkündigung und der Auferstehung abgestimmt haben.

Endlich werden die beiden Antoniuslegenden mit den bereits genannten Standfiguren entstanden sein. Die Predella mag den Schluß gebildet haben.

Diese Reihenfolge der Entstehung ist durchaus einleuchtend und als Ergebnis der feinsinnigen Untersuchungen H. A. Schmids allgemein angenommen.

Zunächst also die Kreuzigung! Sie ist die unerhörteste Fassung des Gegenstandes, die je die Kunst irgendeiner Zeit versucht hat. Etwas Einmaliges, Ueberwältigendes, Unfaßbares, das sich unverlierbar einprägt. Ueber Jahre und Jahrzehnte haftet die Eindrucksgewalt des Einmalgesehenen von Isenheim. Auf einem neutralschwarzen Hintergrunde, der die Finsternis des biblischen Augenblickes festhält, flammen in grellen Tönen die wenigen überschlanken Personen des Bildes auf. In ungleicher Verteilung, unsymmetrisch wie immer bei Grünewald. Rot, Weiß, Grün und Braun werden in starken Tönen laut. Nur der Gekreuzigte ist, als Ausdruck des Düsteren, Unheimlichen, in ein bräunliches Grün getaucht. Es fehlen im farbigen Gesamtbild Lichtblau und Blaugrün.

Die bildkräftigen Gesichte, in denen die mystische Versenkung heiliger Seher und Seherinnen der Vorzeit Gestalt annahm, werden hier greifbar. Man schlägt hier wiederum die Offenbarungen der heiligen Birgitta auf und liest im 4. Buch am 70. Kapitel das Erlebnis der heiligen Jungfrau unter dem Kreuze:

„Die Dornenkrone ward ihm fest auf sein Haupt gedrückt, sie reichte bis zur Hälfte der Stirn herab. In ungezählten Läufen rann das Blut infolge der Eindrückung der Dornenstacheln über das Gesicht und füllte Augen, Haar und Bart, so daß das Ganze fast nur wie ein Blutstrom aussah und er nicht zu sehen vermochte, wie ich am Kreuze stand, wenn er nicht durch Zusammendrücken der Augenlider das Blut hinauspreßte. Dann trat die Totenfarbe auf die Teile, die vor dem Blut gesehen werden konnten, und die Wangen hingen über die Zähne herab. Die Rippen waren gemagert und konnten gezählt werden. Der Bauch drängte sich, nachdem die Feuchtigkeiten verzehrt waren, nach dem Rücken zurück, die Nase war spitz und dünn, und als das Herz nahe am Brechen war, erzitterte sein ganzer Leib; sein Bart legte sich auf die Brust. Entseelt stürzte ich zu Boden. Nachdem sich der Mund geöffnet hatte, konnten die Zunge, die Zähne, das Blut im Munde von den Zuschauern gesehen werden; die halbgeschlossenen Augen waren abwärts gekehrt, und der bereits tote Leib hing niederwärts. Die Knie hatten sich nach der einen Seite gebogen, die Füße um die Nägel wie um Türangeln herum nach der andern Seite gewendet. Als nun die übrigen sich zurückzogen, vermochte ich nicht wegzugehen. Aber ich war wie getröstet, daß ich seinen vom Kreuze abgenommenen Leib berühren und in meinen Schoß nehmen, seine Wunden befühlen und das Blut abtrocknen konnte. Ich schloß ihm mit den Fingern den Mund und drückte ihm die Augen zu. Die starr gewordenen Arme vermochte ich jedoch nicht zu beugen, nur über den Bauch konnte ich sie bringen. Auch die Knie konnten nicht gerade gestreckt werden, sondern standen hervor, wie sie am Kreuze starr geworden waren."[54]

Diese plastische Schilderung ist nun bei Grünewald handgreiflich in die Sprache des Bildes umgesetzt. Die auffallendsten Uebereinstimmungen sind von uns durch Sperrdruck hervorgehoben. Man beachte namentlich die so anschaulich gegebene Verrenkung der Füße, die sich tatsächlich um die Nägel wie um eine Angel gedreht haben, und die Verkrampfung der Finger! Im Sermo angelicus der heiligen Birgitta (dritte Freitagslesung) wird die Wirkung des Todes auf die heilige Jungfrau berichtet:

„Als sie die klägliche Stimme ihres im Todeskampf rufenden Sohnes vernahm: Mein Gott, warum hast du mich verlassen? und sehen mußte, wie all seine Glieder erstarrten und er mit geneigtem Haupte seinen Geist aufgab, da schnürte die Heftigkeit der Schmerzen das Herz der Jungfrau also zusammen, daß jedes Gelenk ihres heiligsten Leibes die Bewegung versagte.“

Auch hier ist der Einfluß auf den Maler deutlich zu erkennen: Maria, deren Todesblässe durch die weiße Gewandfarbe unterstrichen ist, wird, steif wie ein Stock, im Zurücksinken gerade noch von den Armen des Jüngers unterfangen. Ueber diesen welterschütternden Zeitpunkt hinaus ist, wie Schmid und Bock[55] richtig, wenn auch letzterer unter Leugnung des geschichtlichen Augenblicks, erkannt haben, eine wichtige, schon durch die übergroße Gestalt des Täufers angedeutete sinnbildliche Beziehung gegeben, nämlich der dauernd vorgestellte Opfertod Christi, und zwar im katholischen Sinne der unblutigen Fortsetzung im Opfer der Messe, wie Lamm und Kelch beweisen.

Auffallend ist die Umsäumung der Kreuzigungsdarstellung durch die Standfiguren des heiligen Antonius Eremita und des heiligen Sebastian an Stelle der üblichen Weiterführung der Leidensdarstellung. Man hat an ein Hinübergreifen des Passionsgedankens auf diese beiden Heiligen gedacht. Gewiß sind diese beiden durch große äußere und innere Mühsale gegangenen Gestalten der christlichen Frühkirche kein störendes Beiwerk, sondern schlagen passionsverwandte Töne an. Aber das Entscheidende ist das nicht, denn diese Verkoppelung ist ohne jeden Vorgang in der bildenden Kunst der Zeit. Dagegen erscheinen die beiden Heiligen ungezählte Male in ihrer Eigenschaft als Patrone gegen ansteckende Krankheiten einander gegenübergestellt. Ich erinnere nur an den Dresdner Altar Dürers. In einer Kirche der Hospitaliten des heiligen Antonius mußte man sie geradezu erwarten. Diese Kirche war ein berühmtes Wallfahrtsheiligtum des Pestpatrons Antonius, und wenn wir bedenken, daß die Passionsdarstellung in der

Mitte zehn Wochen sichtbar blieb, so legte sich der Gedanke nahe, den ebensolange verdeckten Anblick des großen Patrons der Kirche im geschnitzten Schreine wenigstens in gedrängter Form dadurch zu ersetzen, daß man die beiden an Ort und Stelle hochverehrten Pestpatrone auf den anstoßenden Stellflügeln unterbrachte.

Wenn nun an Festtagen die Kreuzigung in der Mitte aufgeklappt wurde, bot sich ein entzückendes Bild von größter Farbigkeit: Die *Madonna mit dem Kinde* in der Landschaft und ein *Engelkonzert* mit einer mystisch verklärten knienden weiblichen Figur in einer offenen Tempelhalle, die sich anbetend der Bildmitte zuzuwenden scheint.

Diese *geheimnisvolle Gestalt unter dem Torbogen* ist es vor allem gewesen, die zu den wildesten Deutungen Anlaß gegeben hat. Wenn wir von der unmöglichen Bestimmung Woltmanns[56] absehen, der in der Figur den Erzengel *Gabriel* sah, so hat Franz Xaver Kraus[57] in Anlehnung an eine an Ort und Stelle noch im achtzehnten Jahrhundert lebendige Ueberlieferung[58] als erster eine Bestimmung versucht und die kniende (nach ihm stehende!) weibliche Figur als *Maria* gedeutet, in der der sitzenden Madonna der Bildmitte „in einer Art Juxtaposition ihre eigene künftige Herrlichkeit visionär gezeigt wird". Es ist jedoch zu beachten, daß die Madonna in der Landschaft von der Gruppe links keinerlei Notiz nimmt, während eher die linke Bildhälfte der Figurengruppe rechts sich zuzuwenden scheint. Eine neue Bestimmung versuchte Friedrich Schneider[59] im Jahre 1904. Nach ihm ist die Mädchengestalt die erlöste Christenheit, die in der Sprache der Mystik als *anima fidelis* bezeichnete erlöste Seele, die Braut des hohen Liedes (daher die zweifache Krone). Kögler hat indes richtig gesehen, daß die anima fidelis kein treibender Bildgedanke ist, und man muß daher in der Tat mit Schneider zu den Orantenfiguren des christlichen Altertums zurückgehen, um einen verwandten Vorgang zu finden. Soweit wir sehen, sind nur Bock und Baumgarten[60] dem Vorgang Schneiders gefolgt. Die Ansicht Groners,[61] die Figur sei *die Kirche* und die linke Bildhälfte als Pfingstwunder aufzufassen, sei nur ihrer Eigenart halber erwähnt. Die Deutung

Schubrings[62] auf die heilige Katharina von Alexandrien kann sich allerdings auf eine formale Abhängigkeit der Figur von dem Holzschnitt Dürers, Mariä Verehrung, stützen. Die mysteriöse Gestalt ist aber, abgesehen von dem Fehlen aller Zeichen, die auf Katharina deuten, eine so eigenständige Erscheinung, daß man von vornherein genötigt ist, nicht auf eine beliebige Heilige, sondern auf die sanctissima Virgo zu schließen. Außerdem wäre Katharina im Altarganzen ein durchaus fremdes Element. Der Wahrheit näher kommt eine andere Gruppe, die sich von Konrad Lange[63] ableitet und die rätselhafte Figur als Maria in der Erwartung, als exspectatio partus deutet. Zu ihr gehören die eben erwähnten Lange und Kögler, sodann H. A. Schmid, ferner Joseph Walter,[64] Müller,[65] August L. Mayer,[66] Oskar Hagen, kurzum so ziemlich alle Grünewaldforscher der Gegenwart, zuletzt Joseph Bernhart. Bernhart hat nicht nur das Rätsel der knienden Mädchengestalt aufs neue beleuchtet, er hat überhaupt eine ganze Reihe von Einzelheiten auf dem Mittelstück des Isenheimer Altars sinnbildlich gedeutet und zu erschließen versucht. Seine Ausführungen, die den ersten umfassenden Deutungsversuch darstellen und in einer eigenen Schrift „Die Symbolik im Menschwerdungsbild des Isenheimer Altars", München 1921, niedergelegt sind, haben in kunstgeschichtlichen Kreisen großen Eindruck erweckt und wurden geradezu als des Rätsels Lösung angesehen, schon um deswillen, weil Bernhart katholischer Theologe ist und als solcher mit den religiösen Ausdrucksformen des Mittelalters in Schrifttum und Kunst, Liturgie und Schauspiel vertraut erscheinen mußte. Seine Deutung wirkt jedoch auf die Bildfolge des Altarwerkes geradezu auflösend; denn Bernhart trägt, ausgehend von willkürlich aufgerafften Liturgiestellen, eine verwirrende Vielheit sinnbildlicher Beziehungen in die Menschwerdungstafel hinein, die den einheitlichen Bildgedanken zerstören. Bernhart scheint dies selbst zu fühlen; denn er gesteht, daß er damit „eine gedankliche Belastung" seines Bildwerkes vornehme, die es nicht bereichert, sondern beraubt, entleert und erkaltet, und daß er sich selbst zu einer Art Roheit ermannen mußte, als er es nötig fand, den Maler Grünewald zu „suspendieren" und seine Schöpfung wie ein schwieriges

Bilderrätsel aufzulösen. Schon deswegen ist die Methode Bernharts, das Werk Grünewalds, losgelöst vom Rahmen der Zeitkunst, ausschließlich aus zusammengetragenen liturgischen Stellen zu deuten, *verfehlt*. Wenn wir einen festen Boden für die Erklärung gewinnen wollen, müssen wir den Meister in die ikonographische Ueberlieferung seiner Zeit hineinstellen, wie wir bereits unter Berufung auf Anton Springer gesehen haben.

Für den Bildgedanken des malerischen Werkes von Isenheim ist außerdem die *Zweckbestimmung des Altars* maßgebend. Der mittelalterliche Flügelaltar war das große Anschauungsmittel im religiösen Lehrbetrieb jener Tage, das den stets wechselnden Ansprüchen des Kirchenjahres Rechnung zu tragen hatte. Wir haben daher auf der Außenseite in der Regel das in düsteren Farben gehaltene Schaubild der Passion für die kirchlichen Bußzeiten des Advents und der Fasten, auf den Innentafeln die freudigen Ereignisse aus dem Leben Jesu und Mariä, also die Festfolge vor uns. Die Teilung des spätmittelalterlichen Flügelaltars in eine *Passionsansicht* und eine *Festansicht* war streng durchgeführt. Alle Fronaltäre zeigen im wesentlichen diesen zweiteiligen Aufbau. Der Isenheimer Altar ist nun ein sogenannter Wandelaltar, d. h. ein Altar mit doppelten Flügeln. Er gewährte die Möglichkeit zu einem dreifachen Wechsel während des Jahres und bot so willkommene Gelegenheit, die Darstellung des Kirchenheiligen zu verbreitern, der sonst nur im geschnitzten Schreine, meist als Zweitbedeutung nächst der Madonna, zur Geltung kam.

Wir haben daher beim Isenheimer Altar von vornherein den Passionsgedanken, den Festgedanken (beide aus der christlichen Heilslehre geschöpft) und endlich die bildliche Darstellung des Kirchen- bezw. des Ordensheiligen zu erwarten. Daraus ergibt sich neuerdings die Forderung der Gemeinverständlichkeit für den Gesamtinhalt des Altars und seine einzelnen Teile.

Und nun nochmals die Frage: Wie ist die *linke Bildfläche* zu deuten? Vor allem, wer ist die *kniende Mädchengestalt* des Mittelbildes? Franz Xaver Kraus hat sie zuerst, wie wir gesehen haben, als Maria in der Herrlichkeit bezeichnet. Konrad Lange bestimmte sie dann näherhin zuerst von allen als Maria in der Erwartung, und Joseph Bernhart hat für diese Lösung die treffende Formel gefunden: „es handelt sich um Maria, die nach der Empfängnis in der Stimmung des Magnificat sich anbetend in das visionär vorausgenommene Ereignis versenkt. An der Schwelle des alten Bundes kniend, durch Sehnsucht und Zustand schon ganz dem neuen zugetan, erscheint sie als Tochter ihres Kindes“. Daß die Gestalt wirklich kniet und nicht steht, wie Kraus, Kögler und Schmid wollen, hat unseres Erachtens Lange schlagend bewiesen: die Entfernung des Rumpfes vom Boden ist so gering, daß nur an eine Kniende gedacht werden kann. Der Deutung als anima fidelis durch Friedrich Schneider widerspricht, abgesehen von den eingangs erwähnten Gründen, die darüber schwebende Engelgruppe, die dem geheimnisvollen Wesen Krone und Szepter reichen, ferner die in den mysteriösen Lichtglanz mit eingeschlossenen Formen des Schoßes, die Gloriole um das Haupt, die sich im wesentlichen nur durch den kleineren Halbmesser von der des Auferstandenen unterscheidet, und das prächtige Kristallgefäß, dessen Schnabel nachdrücklich auf die Kniende weißt und sicher seine sinnbildliche Beziehung hat. Dieses Glasgefäß ist als Sinnbild der jungfräulichen Geburt zu fassen und stützt somit die Auffassung der Mädchengestalt als Maria. Sie wird weiterhin verstärkt durch die doppelte Krone, den jungfräulichen Kranz aus lanzettförmigen Blättern und das Merkmal der Königin, Krone und Szepter. Diese Auffassung ist heute die herrschende geworden und wird, was sehr zu beachten ist, durch eine an Ort und Stelle noch im achtzehnten Jahrhundert lebendige Ueberlieferung belegt. Ein die eigenartige Darstellung klärender Hinweis liegt zweifellos auch in dem Vorgang zu Häupten der knienden Jungfrau im Halbkreis über dem Torbogen. Wir sehen hier einen bärtigen Mann auf einem Throne sitzen, der eine Art Segensgeste gegen einen vor ihm knienden, ebenfalls bärtigen Mann ausführt. Der Vorgang ist bisher kaum gedeutet und sehr nebensächlich behandelt worden, scheint uns aber durch den offensichtlichen Zusammenhang mit der darunter knienden Figur für die Lösung der Frage immerhin von Bedeutung zu sein.

Die Erklärung als Melchisedech (Bernhart) ist unmöglich, denn es fehlen alle Abzeichen des Priesters und des Königs. Die wahre Bedeutung der Handlung wird sich später ergeben. Maria kniet im templum Salomonis, d. h. in einer Art Vorhalle dieses Tempels, der durch die Gestalten des Moses und der Propheten, die sich mit lebhaften Gebärden über das messianische Rätsel unterhalten,[66a] als solcher ausgewiesen ist. Unter das Gewölbe dieser Vorhalle ist ein in der Mitte geraffter Thronhimmel gezogen. Dieser Baldachin befindet sich genau so in Dürers Marienleben auf der Darstellung der Vorhalle des jüdischen Tempels, den die jugendliche Maria beim ersten Tempelgang (Praesentatio) betritt. Wir haben gesehen, daß Grünewald Dürers Holzschnitte und Stiche, namentlich der Jahre 1503—08, gekannt und benützt hat. Es erscheint nach dem Gesagten zweifellos, daß der Maler ein Stück des jüdischen Tempels wiedergeben wollte, der als größtes Heiligtum des Alten Bundes und als Träger aller messianischen Hoffnungen zugleich Vorbild der dreimal gebenedeiten Jungfrau ist. Trotzdem ist der Hinweis von Johannes Damrich auf die Aehrenkleidmadonna und Maria als Tempeljungfrau nicht recht überzeugend, da gerade die Aehren und der Strahlenkranz fehlen.

Hinter Maria gruppiert sich eine *Schar von Engeln* in überaus reicher Gestaltenfülle, von den großen menschenähnlichen Engeln im Vorderplan bis zu den in bengalisches Feuer getauchten Engelsköpfchen im Hintergrunde. Bei den drei großen entlädt sich die innere Spannung in einem Streichterzett, gegeben von einer Baßviola, einer Viola da Gamba und einer Bratsche, die übrigen verharren in Gebetshaltung. Man könnte an die neun Chöre der Engel denken, es sind aber mehr als neun Arten unterschieden. Auffällt vor allem der große von oben bis unten gefiederte Engel mit den stehenden Pfauenfedern über dem Haupte. Hier hat die allzu lebhafte Einbildungskraft Bernharts den *Vogel Charadrius* oder Kalander gesehen, der im mittelalterlichen Physiologus eine gewisse Rolle spielt: „Der Charadrius erkennt auf den ersten Blick, ob eine Krankheit tödlich sei oder nicht. Bringt man ihn zu einem Kranken, so wendet er den Blick ab, wenn das Uebel hoffnungslos, und sieht ihn an, wenn er genesen kann. Denn der Vogel nimmt die Krankheit in sich auf, fliegt zur Sonne und verbrennt sie dort in den Strahlen. Die Predigt und die Erbauungsschriften des Mittelalters kennen ihn wohl als Sinnbild des Heilandes, der nach der Verstockung der Juden die Heiden der Erlösung zuführte. So Konrad von Megenberg in seinem Buche der Natur, das zu Grünewalds Zeiten noch sehr im Schwange war."

Diese Auslegung ist jedoch im höchsten Grade gekünstelt. Man sieht vor allem nicht ein, was dieser Vogel als Sinnbild des Heilands hier hinten in der Ecke zu tun hat. Wir haben das Gefühl, daß der angebliche Vogel in Wirklichkeit eben ein Engel (und zwar ein Seraph oder ein Cherub nach Ez. 10, 8) ist, der schon durch das Zusammenspiel der Instrumente mit den andern konzertierenden Engeln zur unlösbaren Einheit verbunden ist. Nach Bernhart besteht der Kopfschmuck dieses Wesens aus Federn und Blumen (viola tricolor, Stiefmütterchen). Mit den Edelsteinen der Fingerringe zusammen ergebe sich so eine Vertretung der drei Naturreiche. Aber für den nüchternen Beschauer verknüpfen sich so wesensfremde Dinge nicht ohne weiteres zur inneren Einheit.

Noch abenteuerlicher muß der Versuch Bernharts anmuten, die Gruppe der vier Putten in großen Aureolen hinter dem geigenden Engel zu deuten. Er stellt zunächst bei dem linken der beiden vorderen ein „buddhaähnliches Gehaben" fest und sieht dann, ausgehend von der Strophe eines Adventhymnus, der übrigens nicht ins Brevier übergegangen ist: Sol astra terra aequora, in den vier Wesen die „ethnisch differenzierten" Schutzgeister der vier östlichen Kirchen auf jüdischem, griechischem, persischem und indischem Boden. Aber diese Köpfchen sind eben der Ausdruck der zahllosen Spielarten englischer Herrlichkeit, und die mit Augen übersäten feurigen Räder sind der Ikonographie des christlichen Mittelalters überaus geläufig. Die Berufung auf die Strophe eines keineswegs Gemeingut gewordenen Adventhymnus ist nicht überzeugend.

Ein geheimnisvolles Dunkel liegt auch über dem Personenkreise hoch oben im Hintergrunde des kleinen Tempels, der durch eine von Engeln getragene schwebende Aureole zusammengefaßt ist. In ihrer

Mitte erscheint in anbetender Haltung eine mit der Federkrone geschmückte (geflügelte?) weibliche Gestalt, die Bernhart als Sibylle, die Trägerin der Messiasidee, deutet. Ein zweites Wesen weiter hinterwärts, nur mit dem Kopf sichtbar, betrachtet Bernhart als Eva, den Typus Marias, die Mater naturae im Gegensatz zur Mater gratiae. Sie geht aber in ihren weichen Formen so eng mit dem fleischigen, nackten Engel im Rücken der ersten Figur zusammen, daß sie ohne Zwang am ehesten als eines der zahlreichen Engelswesen zu begreifen ist, die anscheinend eine tragende Aufgabe an der Schwelle der kreisförmigen Aureole vollziehen.[67] Wir werden jedoch später sehen, in welcher Richtung die Deutung zu suchen ist.

Und nun *die rechte Bildhälfte*! Im Vordergrunde einer schier endlos vertieften, halb abenteuerlichen, halb lieblichen Landschaft sitzt die beherrschende Madonna mit dem Kinde auf dem Schoße, in der kräftigen Eiform und der starken Neigung des Kopfes bereits mitbestimmt von einem neuen südlichen Formgefühl. Sie ist umgeben von den üblichen Geräten der Kinderstube, Wiege, Bad und Töpfchen,[67a] ohne jedes weitere Beiwerk aus der heiligen Geschichte als die Verkündigung an die Hirten im Hintergrunde durch zwei Engel, von denen der eine bärtig ist,[67b] und die sich aus einem Gewimmel zahlloser kleiner Himmelsgeister gleichsam ablösen, eine Sache von durchaus eigenartiger Erfindung, die zunächst aufs höchste überraschen muß.

Niemals hatte bisher ein Maler in deutschen Landen gewagt, diese ins Freie verlegte Kinderstube von Bethlehem in der Mitte eines großen Tafelwerkes auszubreiten. Man sieht, wie hier eine neue Zeit eindringt, wie die Bande der Ueberlieferung sich lösen und der Schöpfergeist des Malers alte Fesseln lockert. Der Holzschnitt, der mehr das Sittenbild, das Alltägliche pflegte und die Madonna im verschlossenen Garten tausendmal darstellte, konnte derartige Bildgedanken mit Leichtigkeit aufnehmen. Nicht so das Kultbild im Rahmen mittelalterlicher Altäre, namentlich des Fronaltars. Ihm waren ziemlich enge Grenzen gezogen. Die mittelalterliche Altartafel nahm, abgesehen von den Standfiguren einzelner Heiligen, nur die großen Heilstatsachen auf. Gedankenmäßige, allegorische oder typologische Verarbeitungen, sittenbildmäßige Umsetzungen oder gedrängte Auszüge aus den Tatsachen der Heiligenlegende, wie die Colmarer Madonna im Rosenhag von Schongauer oder der Schnewlinaltar im Freiburger Münster (im Anschluß an Dürers Madonna mit der Meerkatze), sind, namentlich im Herzstück eines Hochaltars, äußerst selten. Man hat hier bei unserm Bilde vergleichsweise von der *Madonna im Rosengarten* gesprochen. Die Bezeichnung ist aber sicher *verfehlt*; denn abgesehen von den blutroten Rosen rechts von der Mittelgruppe, die natürlich ihre tiefsymbolische Bedeutung haben, erinnert nichts an einen Rosengarten. Betrachtet man im Mittelgrunde den geschlossenen Zug der mehrfach abgetreppten Mauer, die links mit der Pforte einsetzt und rechts sich im Bildrande verliert, so erscheint es viel richtiger, von der *Madonna im verschlossenen Garten* zu sprechen. Es ist das im Mittelalter immer wiederkehrende Sinnbild des hortus conclusus und der porta clausa, vielleicht fügt sich rechts im Hintergrunde der blaue stille See als fons signatus, altes Symbol der jungfräulichen Mutter, dieser Vorstellungsreihe sinngemäß ein.

Lange hat die Oertlichkeit richtig als hortus conclusus erkannt, irrt aber, wenn er mit Kögler den Augenblick als Geburtsszene faßt. Joseph, der im Bilde fehlt, sei nach der apokryphen Legende eben weggegangen, um die Hebamme zu holen. Inzwischen habe sich die Geburt ohne menschliches Zutun auf wunderbare Weise vollzogen. Stall oder Hütte seien lediglich aus Gründen der besseren Bildgestaltung weggelassen, weil der Maler schon auf dem benachbarten Engelkonzert ein Gebäude anbringen wollte. Deshalb habe er Maria in die Landschaft gesetzt. Diese Erklärung bleibt jedoch an der Oberfläche haften. Der Einfluß der Ueberlieferung auf den Ausdruck im Bilde war in alter Zeit immerhin so zwingend, daß das biblische Ereignis der Geburt unmöglich ohne das übliche Beiwerk des Stalles, der Tiere, der Hirten, der Engel, des heiligen Joseph als solches verstanden worden wäre, abgesehen davon, daß wohl niemand diesen kräftigen Knaben, der mit dem Rosenkranze spielt, als eben geborenes Kind ansprechen wird. Aus dem Größenverhältnis von Mutter und Kind ist doch immerhin auf ein Alter von zwei bis drei Monaten zu schließen (Schmid spricht von einem Neugeborenen). Auch Dürer hat sich bei seinen Geburtsdarstellungen trotz seiner überragenden Größe von diesem Zwange nicht frei gemacht, dagegen hat er eine Reihe seiner Madonnen als glückliche Mutter mit dem Kinde in die Landschaft gesetzt, den streng biblischen Rahmen gesprengt und daraus eine verklärte menschliche Idylle geschaffen. Die Quelle, aus der Grünewald geschöpft hat, liegt hier klar zu Tage: es ist die Mariendichtung Dürers, die Madonna in der Landschaft.[88] Dürer hat gerade in den Jahren vor dem Isenheimer Altar das Marienbild mit besonderer Liebe gepflegt. Namentlich der Bildgedanke der Madonna in der Landschaft beschäftigt ihn in den verschiedensten Abwandlungen. Diesen häuslichen Vorwurf der glücklichen Mutter mit dem Kinde haben wir hier vor uns, und es muß eigentlich befremden, daß man die so nahe liegenden Beziehungen zum Dürerschen Marienbilde nicht schon längst erkannt und statt dessen sich in so gewagte Auslegungen gestürzt hat. Diesen Beziehungen zu Dürer sind wir bereits ausführlich nachgegangen.

Und nun die Hauptfrage: Wie verhalten sich die beiden Bildhälften der Mitteltafel zueinander? Was ist der letzte Sinn des Menschwerdungsbildes? Schmid schließt sich der Lösung Köglers an, die er für entscheidend hält. Kögler geht nämlich in Anlehnung an eine Stelle im Spiegel menschlicher Behaltnis, gedruckt zu Basel 1476, von der Betrachtung aus, daß durch das göttliche Heilswerk der Erlösung nicht nur der Fall der Menschen, sondern auch der Engel wieder ausgeglichen wurde. Wir haben daher nach ihm in den beiden Bildhälften ein zweifaches Weihnachtsbild zu erblicken: links jubeln die Engelchöre über ihre eigene Erlösung (Gloria in excelsis Deo), rechts die Engel der Verkündigung im Hintergrunde über die erlöste Menschheit (et in terra pax hominibus bonae voluntatis). Kögler scheint an eine wirkliche Erlösung der gefallenen Engel zu denken, in Wirklichkeit kann hier nur von einem Ersatz der gefallenen Engel durch die erlösten Menschenseelen die Rede sein. Maria, meint Kögler, sei als Engelkönigin dargestellt, daher verfeinert, vergeistigt, verjüngt. Lange erwidert, daß Maria im Zustande höchster

Schwangerschaft wiedergegeben ist. Die Engel der Verkündigung rechts sängen doch sicher auch das Gloria, auch sei rechts eben nicht die erlöste Menschheit, sondern die Madonna mit dem Kinde zu sehen. Eher hat man nach Lange links den Besuch der Engel auf Erden vor sich, rechts den Eindruck des geöffneten Himmels.

Soviel scheint gewiß, daß die beiden Bildhälften nicht nur künstlerisch, sondern auch gedankenmäßig eine Einheit bilden. Man hat versucht, sie auf die Formel zu bringen: links die große Erwartung aller frommen Geister vor Christus, an ihrer Spitze die jugendliche Maria, also der Weltadvent, rechts die selige Erfüllung, die Madonna im Besitz ihres göttlichen Kindes. Beide Hälften sind jedenfalls eine innere Einheit, äußerlich abgeteilt durch den dunklen Vorhang und vor allem durch die mächtige Senkrechte einer ins Unbestimmte sich verlierenden Bauform eines mittelalterlichen Domes, eine Lotrechte, deren Starrheit nur gemildert wird durch das seitliche Ausgreifen eines beide Teile verbindenden Feigenstrauches, der hier aber nicht nur im Bildgefüge an seinem Platze ist, sondern sicher auch eine sinnbildliche Aufgabe erfüllt. Er gilt, wie Bernhart richtig ausführt, im ganzen Alten Testament (Mich. 4, 3.4 und 1. Makk. 14, 11 f.) mit dem Weinstock zusammen als Sinnbild des Friedens, insbesondere des messianischen Friedenszeitalters.

D i e E n g e l c h ö r e werden erklärt als die jubelnden Zeugen der Menschwerdung. Bernhart erinnert an das erste Responsorium der ersten Nokturn des Weihnachtsfestes: Hodie nobis coelorum rex de virgine nasci dignatus est. Gaudet exercitus angelorum, quia salus aeterna humano generi apparuit. Allerdings hat vor ihm schon Konrad Lange den Zusammenhang mit der Brevierstelle ausgesprochen. Schmid erinnert für das Vorkommen von musizierenden Engeln bei der Anbetung des Neugeborenen an den Clarenaltar in Köln, den Ortenberger Altar in Darmstadt und das Bild von Piero della Francesca im Britischen Museum in London. Die Liste läßt sich jedoch bedeutend erweitern: Fiorenzo di Lorenzo (Galerie zu Perugia), Bramantino, Velasco da Coimbra (Nationalmuseum in Lissabon), Gerard David und andere flämische Meister des fünfzehnten Jahrhunderts. Ohne daß damit etwas Wesentliches gesagt ist, denn inhaltlich lag die Darstellung auf der Hand, und in der Form geht Grünewald völlig eigene Wege. Trotz alldem bleibt ein Rest ungelöster Fragen von größter Bedeutung. Zunächst ist doch diese dramatische Spaltung des marianischen Gedankens eine Sache von höchster Eigenart. Hat hier Grünewald wirklich aus dem Leeren geschöpft und den Bildgedanken rein erfunden? Wie erklärt sich sodann die merkwürdige Verflechtung von Verkündigung, Menschwerdung und Auferstehung zu einem Schaubild? Nach Niemeyer[69] bestimmt hier die geistig-mystische Bedeutsamkeit Auswahl und Zusammenordnung, nicht wie sonst die geschichtliche Folge. Ein klarer Bausinn faßt nach seiner Ansicht das erhabene Drama der Welterlösung in seinen fünf Akten der Verkündigung, Menschwerdung, Gottrückkehr (Auferstehung), Kreuzigung und Beweinung, und stellt nachdenksam „die beiden Menschakte den drei Gottakten“ gegenüber. Aber diese Unterscheidung ist weder denkrichtig noch theologisch haltbar und daher für die Erklärung nicht zu gebrauchen. In Wirklichkeit ist diese Anordnung doch ganz ungewöhnlich und der gedankliche Abstand der Menschwerdung in der Mitte und der Auferstehung rechts ganz erheblich. Während kleine Gedankenschritte von der Verkündigung zum Mittelbilde führen, werden wir in einem Gewaltsprung zum Endpunkt der ganzen Erlösungstat, zur Auferstehungsszene, hinübergeschleudert, also mit Auslassung aller Zwischenstufen der doch gewiß hochwichtigen Passion. Nun kann man freilich auf die Kreuzigungsgruppe auf dem Außenbilde verweisen, aber für das Auge ordnet sich eben das Passionsthema nicht verbindend ein. Die natürliche Folge ist, daß Verkündigung und Auferstehung als optische Gegenstücke sich entsprechen — ein unerhörter Vorgang, und daß der stoffliche Parallelismus, der sonst die Flügel der mittelalterlichen Altäre verbindet, vollkommen gesprengt ist.

Angesichts dieser Schwierigkeiten erinnern wir uns nochmals der nachgewiesenen Vorlage des Meisters, der Offenbarung der heiligen Birgitta! Der mariologische Gehalt der Mitteltafel steht auf alle Fälle fest. Der Hochaltar von Isenheim war ja ohnedies der heiligen Jungfrau geweiht. Nun schließen die Offenbarungen der Heiligen mit dem erhabenen *Sermo angelicus* ab, einer von dem Erzengel Gabriel in S. Lorenzo in Damaso in Rom ihr eingegebenen, auf dem Hintergrund der gesamten Heilsgeschichte sich abhebenden Lobeserhebung („De excellentia B. M. V.“) auf die Hoheit, Würde und Heiligkeit der heiligen Jungfrau, Betrachtungen von größter Tiefe und Formschönheit.

Das ganze Mittelbild des Isenheimer Altars, einschließlich der Verkündigung und Auferstehung, ist nun nichts anderes als eine *großartige Wiedergabe dieses erhabenen Gesichtes*, dessen Einfluß sich auch sichtlich auf das Kreuzigungsbild erstreckt. Wir geben die Leitgedanken mit geringen Kürzungen in der Reihenfolge der einzelnen Wochentage, auf die sie verteilt sind, genau wie in der Urschrift. Es wird sich im einzelnen zeigen, daß die ersten vier Tage auf das Geheimnis der Menschwerdung im Ratschlusse Gottes und in der Bereitung des menschlichen Werkzeuges, der Donnerstag auf die Verkündigung durch den Engel, der Freitag auf die Passion und der Samstag auf die Auferstehung Bezug nimmt.

Die für unsere Bilderklärung bezeichnenden Stellen sind wiederum gesperrt gedruckt.

*Sonntag. Erste Lesung.* In ihm, dem hochgelobten Gott, ist alles von Ewigkeit vorhergeschaut. Unter allem noch Unerschaffenen aber war eines vor Gott, das in höchstem Grade alles übrige überragte, und worüber er selbst am meisten sich freute, und das bist du, Maria, reinste Jungfrau, fruchtbarste Mutter. *Denn in dieser Vollkommenheit standest du von Ewigkeit, noch unerschaffen vor Gottes Auge und hast darnach aus den vier reinen und klaren Elementen die Materie deines gebenedeiten Leibes empfangen. Und darum hast du von Urbeginn vor Gottes Auge zu seiner höchsten Freude* alle künftigen Kreaturen im höchsten Grade übertroffen.

*Montag. Erste Lesung.* O Trösterin aller, Jungfrau Maria, zu dir waren *die heiligen Engel vom ersten Augenblick ihrer Erschaffung in solcher Liebe entbrannt*, daß, so unaussprechlich auch die Freude war, die sie aus der Süßigkeit und Klarheit der Anschauung Gottes und seiner Nähe schöpften, sie doch auch darüber aufs höchste frohlockten, daß du näher als sie selbst zu Gott erhoben werden solltest. *Und darum frohlockten selbst die Engel mehr darüber, daß Gott dich zu erschaffen* gedachte, als darüber, daß er sie selber schon erschaffen hatte. *Und so bist du, heiligste Jungfrau, für die Engel seit ihrer Erschaffung zur Freude gewesen.*

Zweite Lesung. Nachdem aber die Welt und alle Geschöpfe, den Menschen allein ausgenommen, erschaffen waren und alle Dinge vor Gottes Angesicht schön und ehrerbietig standen, da stand vor Gott, aber noch unerschaffen, eine kleine Welt in all ihrer Schönheit, aus der für Gott eine größere Verherrlichung, für die Engel eine höhere Wonne und für jeden Menschen höhere Segnungen entspringen sollten, als aus dieser größeren Welt. O süßeste Herrin, Jungfrau Maria, voll Liebe und Segen für alle, unter dieser kleineren Welt wirst nicht mit Unrecht du verstanden.

Ferner, gleichwie Gott die zwei der Welt notwendigen Leuchten samt den Sternen erschuf, die eine um dem Tage vorzustehen, die andere, um die Nacht zu erhellen, so hat er auch in dir für das Werden zweier noch hellerer Leuchten gesorgt.[70] Die erste war dein göttlicher Gehorsam, der gleich der Sonne vor den Engeln im Himmel und den guten Menschen auf der Welt, denen Gott in Wahrheit der ewige Tag ist, aufs hellste erglänzen sollte. Das zweite Licht war dein standhafter Glaube, durch den viele gleichwie durch das helle Mondlicht zur Erkenntnis der Wahrheit zurückgeführt werden sollten.

Auch den Sternen ähnlich erscheinen die Gedanken deines Herzens darin, daß du vom Augenblick deiner ersten Erkenntnis Gottes bis zu deinem Tode so feurig in der göttlichen Liebe verharrtest, daß alle deine Gedanken vor dem Angesichte Gottes und der Engel glänzender als die Sterne dem menschlichen Auge erschienen.

Dritte Lesung. Jenes vollkommene Werk aber, durch welches Gott dich, ersehnte Jungfrau, zu seiner ewigen Verherrlichung erschaffen hat, ziert ihn als seine dritte Krone, in der die Engel die Wiederherstellung und Erneuerung ihrer zerbrochenen Kronen frohlockend erblicken. Darum, o Herrin und Hoffnung unseres Heils, wirst du mit Recht die Ehrenkrone Gottes genannt.

Dienstag. Erste Lesung. Es erscheint nicht unbillig, daß, gleichwie der Zorn Gottes über Adam wegen des Stolzes gekommen war, er nun auch in seinem Elende große Tröstung empfange, indem er in strengster Büßung und wahrer Demut des Herzens es beweinte, daß er seinen gütigsten Schöpfer zum Zorne gereizt hatte. Einen höheren Trost hätte Adam nicht empfangen können, als die Gewißheit, daß Gott sich würdige, aus seiner Nachkommenschaft geboren zu werden. Darum gewann Adam aus dem Lichte des Glaubens die Gewißheit, daß Gott aus einem Wesen mit einem der Eva gleichförmigen Leibe, die alle vom Weibe Geborenen durch die höchste Blüte jeder Vollkommenheit übertreffen werde, einen menschlichen Leib empfangen und aus ihr, als einer vor, in und nach der Geburt unversehrt bleibenden Jungfrau, auf die seiner würdigste Weise wolle geboren werden. Darum, gleichwie die Engel frohlockt hatten, da ihnen vor Erschaffung der Welt deine Geburt, o Mutter, von Gott war gezeigt worden, so empfand auch Adam aus der Vorhersicht deiner Geburt größte Tröstung und Freude des Herzens.

Zweite Lesung. Abraham erhielt die Verheißung, eine unbefleckte Jungfrau seines Stammes werde den Sohn Gottes gebären. Und es ist zu glauben, er habe sich mehr auf diese künftige Tochter gefreut als auf Isaak, seinen Sohn, und sie mehr als diesen geliebt. Diesen seinen Glauben übergab

Abraham als heiligstes Vermächtnis mit fester Zuversicht seinem Sohne Isaak.[71] Und so wurde in Wahrheit zuerst den Engeln, dann dem ersten Menschen und sofort den Patriarchen aus der künftigen Geburt der glorreichen Mutter Gottes die süßeste Wonne zuteil.

Dritte Lesung. Unter allem, was durch den honigfließenden Gießbach des hl. Geistes in die Herzen der Propheten sich ergoß, war ein Wort für sie das süßeste und strömte auch wieder aus ihrem Munde als das für alle andern tröstlichste, das Wort: Gott, der Schöpfer aller Dinge, wolle aus einer unversehrten Jungfrau geboren werden, um durch seine Erlösung und Heiligung die Seelen für die ewige Herrlichkeit wiederzugewinnen.

Die Propheten waren voll Trauer, daß der Tempel, in dem Gott die Opfer dargebracht wurden, verwüstet ward. Sie frohlockten aber in der Voraussicht, es werde der Tempel deines gebenedeiten Leibes erschaffen werden, um Gott selbst mit der Fülle seiner Tröstung in sich aufzunehmen. Sie trauerten endlich über die Zerstörung der Ringmauern und Tore Jerusalems durch die Feinde Gottes, die leiblich in die heilige Stadt eindrangen, wie Satan mit seinen Scharen geistiger Weise. Aber sie trösteten sich mit dir, o Maria, du würdigste Pforte, von der sie wußten, daß Gott, der starke Held, in dir seine Waffenrüstung annehmen werde, um den Teufel und alle seine Feinde zu überwinden. So warest du also, würdigste Mutter, der höchste Trost für die Propheten, wie für die Patriarchen.

Mittwoch. Dritte Lesung. Von Ewigkeit her sind der Vater und der Sohn und der hl. Geist des Einen göttlichen Wesens; darum ist in ihnen niemals ein verschiedener Wille. Sondern, wie drei Flammen aus der einen Feuersglut, so gingen von der Gütigkeit des göttlichen Willens drei Liebesflammen gleichmäßig aus, um das eine Werk zu vollbringen.

Wiewohl aber das Liebesfeuer dieses göttlichen Willens durch alle Himmel seine Strahlen verbreitete und mit unsäglichem Troste die Engel erfüllte,[72] so sollte doch nach Gottes ewiger Vorherbestimmung für das Menschengeschlecht die Erlösung nicht früher daraus hervorgehen, als bis Maria geboren und in ihr die zur höchsten Höhe aufsteigende Liebesflamme entzündet war, die durch ihren süßen Wohlgeruch das Feuer Gottes selbst zu sich herabzog und mit ihm die erstarrte Welt zu neuem Leben brachte.

Donnerstag. Erste Lesung. Der gebenedeite Leib des Kindes Maria war vergleichbar einem reinsten Kristallgefäß,[73] ihre Seele einer hellstrahlenden Leuchte und ihr Gehirn einem Brunnen mit hochansteigenden Wasserstrahlen, die in einen tiefen Talgrund zurückfließen.

Diese ihre Liebe bewahrte sie unerschüttert mit der Tugend der Hoffnung und der Furcht Gottes, indem das Feuer dieser Liebe ihre ganze Seele so mächtig durchdrang, daß sie einer lodernden Flamme ähnlich in der Liebe Gottes zu brennen begann.

Sie glich einer gepflanzten Lilie, die mit dreifacher Wurzel in das Erdreich dringt, dieses selbst noch fruchtbarer macht und drei lieblichste Blüten aus ihrem Stengel zur Freude aller Beschauer hervortreibt.

Zweite Lesung. Keine Zunge vermag zu beschreiben, mit welcher Fülle des

Lichtes Sinn und Geist der Jungfrau im ersten Augenblicke, da sie zur Erkenntnis Gottes gelangte, erleuchtet ward. O, wie nahe kam dieses Fahrzeug, d. h. der Leib der Jungfrau, dem ersehnten Hafen, d. h. der Wohnung des Vaters, als Gabriel mit dem Gruße: „Ave, gratia plena", sich ihr näherte! O, wie unbegreiflich heilig vertraute ihr Gott der Vater seinen Sohn, als die Jungfrau dem Engel antwortete: „Es geschehe mir nach deinem Worte!" Denn in diesem Augenblicke ward im Schoße der Jungfrau die Gottheit mit der Menschheit vereinigt, ward der wahre Gott, der Sohn Gottes des Vaters, Mensch und Sohn der Jungfrau.

Freitag. Erste Lesung. Es ist zu lesen, daß die Jungfrau Maria bei der Anrede des Engels erschrak. Wohl hatte sie keine Furcht vor einer äußeren Gefahr. Aber sie besorgte, es möchte die Arglist des Feindes des Menschengeschlechtes ihrer Seele Schaden bereiten. Darum kann füglich die Jungfrau eine blühende Rose genannt werden. Wie diese unter Dornen sich entfaltet, so die ehrwürdige Jungfrau unter Trübsalen. Als sie aber das Alter erreichte, da der Sohn Gottes auch ihr eigener Sohn wurde und von ihr in ihrem Schoße den Leib annahm, in dem er alles erfüllen wollte, was die Propheten von ihm geweissagt, da schien die lieblichste Rose ihre Schönheit noch viel reicher zu entfalten und beständig in ihr zuzunehmen. Aber auch die Dornen der Trübsale, die sie so schmerzlich verwundeten, wurden mit jedem Tage stärker und schärfer. Denn wie groß und unaussprechlich die Freude war, die sie in der Empfängnis ihres Sohnes empfunden, so groß und vielfältig war die Trübsal, die ihr Herz verwundete, sooft sie seines künftigen bittersten Leidens gedachte.

Sie freute sich in der Gewißheit, daß er vom Tode erstehen und um seines Leidens willen zur höchsten Verherrlichung für ewig werde erhöht werden; sie war aber voll Trauer, da sie mit derselben Gewißheit voraussah, welche Beschimpfungen, welche Widersprüche und welch' grausamste Martern er vor seiner Verherrlichung werde zu erdulden haben. Darum wird sie mit bestem Recht mit einer blühenden Rose verglichen, d.i. mit der Rose von Jericho. Denn wie diese an Schönheit alle andern Rosen übertrifft, so ragt Maria über alle Menschenkinder, ihren hochgebenedeiten Sohn allein ausgenommen, an Schönheit des Wandels und aller Tugenden hervor.

Zweite Lesung. Sooft sie ihn darnach in Windeln wickelte, empfand sie in ihrem Herzen, mit welch scharfen Geißeln sein ganzer Leib werde zerrissen werden, so daß er das Aussehen eines vom Aussatze Geschlagenen haben würde. Und sooft die Jungfrau Arme und Füße ihres Kindleins sanft mit Tüchlein umwand, da gedachte sie, wie grausam sie mit eisernen Nägeln am Kreuze würden durchbohrt werden. Wendete sie ihr Auge nach dem Antlitz ihres Kindes, da ward sie inne, mit welcher Unehrerbietung die Mäuler der Gottlosen dieses heiligste Antlitz mit ihrem Auswurf besudeln würden.

Wie also die heilige Jungfrau mehr als alle andern Mütter voll Freude war, sooft sie ihr neugeborenes Kind betrachtete, indem sie es als wahren Gott und wahren Menschen erkannte, sterblich zwar nach seiner Menschheit, ewig unsterblich aber nach seiner Gottheit, so war sie doch im Vorherwissen seines bittersten Leidens zugleich die betrübteste aller Mütter. Und solcher Weise war ihre höchste Freudigkeit unablässig von schwerster Trauer begleitet, gleich als würde einer Gebärenden gesagt: Wohl hast du ein lebendes, in allen seinen Gliedern wohlgestaltetes Kind geboren, aber die Wehen des Gebärens werden bis zu deinem Tode nicht mehr aufhören.

Dritte Lesung. Als sie die klägliche Stimme ihres im Todeskampfe rufenden Sohnes vernahm: Mein Gott, mein Gott, warum hast du mich verlassen? und sehen mußte, wie alle seine Glieder erstarrten und er mit geneigtem Haupte seinen Geist aufgab, da schnürte die Heftigkeit der Schmerzen das Herz der Jungfrau also zusammen, daß jedes Gelenke ihres heiligsten Leibes die Bewegung versagte. Durch seinen Tod schloß der Sohn Gottes seinen Himmel uns auf, und aus der Vorhölle erlöste er im Triumphe seine Getreuen. Maria aber blieb im Leben zurück, und sie war es, die einzig und allein bis zur Auferstehung ihres Sohnes den wahren Glauben unerschütterlich bewahrte.

Samstag. Erste Lesung. Während am dritten Tage die Jünger an seine Auferstehung nicht glauben wollten und die Frauen voll Sehnsucht seinen Leib im Grabe suchten, während sogar die Apostel in übergroßer Herzensangst und Furcht sich eingeschlossen hielten, da bezeugte die Jungfrau die glorreiche Auferstehung ihres Sohnes im Fleische zur ewigen Herrlichkeit und daß der Tod über ihn keine Gewalt mehr haben werde. Es ist dies eine gewisse, über jeden Zweifel erhabene Tatsache, wenngleich in der Schrift kein Wort der jungfräulichen Mutter aus jenen Tagen berichtet wird. Ebenso ist es für gewiß zu halten, daß, wenn auch die Schrift sagt, Magdalena und die Apostel hätten früher als die andern die Auferstehung Christi erfahren, doch seine heiligste Mutter vor ihnen die Gewißheit von der Auferstehung besaß und daß sie die erste war, die den von den Toten Erstandenen leibhaftig erblickte und ihn, erfüllt von Trost und Freudigkeit des Herzens, demütigst mit Lobpreisungen verherrlichte.

Dritte Lesung. O wie mächtig offenbarte Gott seine Gerechtigkeit, da er den Adam nach dem ungehorsamen Genuß der verbotenen Frucht vom Baume der Erkenntnis aus dem Paradiese hinauswies! O wie herablassend aber offenbarte er in dieser Welt seine Barmherzigkeit durch die Jungfrau Maria, die ganz treffend der Baum des Lebens genannt werden kann! Und darum besonders schauten die Engel so begierig nach der gebenedeiten Frucht von dem Baume des Lebens, weil sie erkannten, wie herrlich durch sie die unendliche Liebe Gottes an den Menschen werde geoffenbart und aus den Menschen die Ergänzung ihrer Reihen hergestellt werden. Darum eilte der Engel Gabriel so schnellen Laufes zur Jungfrau, sie in Liebe durch seine der Zustimmung würdigste Ansprache zu grüßen. Und als sie, das Vorbild der Demut und aller Tugenden, den Gruß des Engels demütigst erwiderte, da erkannte er mit Frohlocken, es werde seine Sehnsucht und die aller andern Engel erfüllt werden.

Und so die Sterblichen nach der Süßigkeit der Frucht vom Baume des Lebens Verlangen tragen, dann mögen sie vorerst mit allen Kräften sich bemühen, seine Zweige zu sich herabzuneigen, d. i. seine heiligste Mutter mit dem Gruße des Engels anzurufen, die sie stark machen wird, um jede Sünde zu meiden und

**alle ihre Worte und Werke zur Ehre Gottes einzurichten. Denn voll Huld neigt die heiligste Jungfrau sich zu ihnen herab und gewährt ihnen den Beistand ihrer mächtigen Hilfe, um die *Frucht vom Baume des Lebens*, d. i. *im Sakramente den heiligsten Leib ihres Sohnes, zu empfangen.*[74]**

Die Abhängigkeit des Isenheimer Altarwerkes vom *Sermo angelicus der heiligen Birgitta* erscheint nach diesen Proben nicht nur durch die Uebernahme zahlreicher Einzelheiten gesichert — die verklärte Mädchengestalt als die vorzeitliche Maria im Ratschlusse der Erlösung, das Kristallgefäß, die von zwei Engeln gehaltene Ehrenkrone, der Feigenbaum, die Engelchöre, die Propheten, die Altväter im Giebelfeld, der Dunstkreis mit den ersten Menschen,[75] der Tempel, der Strahlenhimmel mit Gott Vater und den zahllosen kleinen Engeln, die Rose von Jericho und die in den vielsagenden Anblick ihres Kindes vertiefte Mutter, das Jawort Marias an den Engel, ihr Zusammenbruch unter dem Kreuze und ihre höchste irdische Freude: die Auferstehung ihres Sohnes —, sondern sie spiegelt sich auch im Gesamtbildgehalt des Altars so greifbar deutlich, daß an der letzten Absicht Grünewalds kein Zweifel erlaubt ist: der Meister versucht hier eine bildliche Vergegenwärtigung der tiefsinnigen Mariologie der von ihm bevorzugten seherischen schwedischen Heiligen. Es ist mit einem Worte *der gedankliche und wirkliche Gang Marias durch alle Jahrtausende der Heilsgeschichte*: ihre ewige Auserwählung im Schoße des Vaters, ihre Begrüßung durch die Engel am Morgen der Schöpfung, ihre freudige Erwartung durch die Stammeltern, Erzväter und Propheten, ihre Bedeutung als zweiter Tempel und würdigste Pforte, ihre dem Engel erklärte Bereitschaft für das Werk der Erlösung, ihr Doppelschicksal als dornenreiche Rose von Jericho, d. h. als freudigste und doch betrübteste aller Mütter, die Karfreitagsstunde ihres Lebens am Kreuze und am Grabe und ihr höchster irdischer Ehrentag als erste Zeugin der Auferstehung. Ihre himmlische Verklärung ist weggelassen.

*Der Schlüssel* zur Betrachtung des ganzen Altares, zugleich der ungefähre geometrische Mittelpunkt der ganzen Innenansicht ist also *die geheimnisvolle Mädchengestalt unter dem Torbogen*, und man wird jetzt erst so recht den himmelweiten Unterschied in der äußeren Erscheinung der beiden Madonnen gewahr und sieht die Unmöglichkeit ein, beide als ein und dasselbe, nur durch eine Zeitspanne von wenigen Monaten (zwischen Erwartung und Geburt) getrennte Wesen zu begreifen. Schon der Größenunterschied hätte eigentlich längst Bedenken gegen die landläufige Deutung als Maria in der Erwartung einflößen müssen. Dort die Erstgeborene der Schöpfung, die verklärte Jungfrau, gleichsam das sinnenfällig gewordene Geistwesen, die Kleinwelt, die reinste, feinste Mischung der vier Urstoffe, die vorzeitliche Maria, „Maria als Idee, als ewiger Gedanke, aufkeimend, wachsend, Maria vor der Zeit, auf der Schwelle der Zeit, wie sie sich selbst als Erfüllerin der Zeit schaut" (Niemeyer).

Und daneben rechts in der Landschaft die in die Zeitlichkeit gestellte Mutter, ein Wesen von Fleisch und Blut, versenkt in das Schicksal ihres Kindes, „Maria als Gestalt, als Weib, als irdische Vollzieherin des Gottesschicksals" (Niemeyer). Schon diese Wahrnehmung zeigt, daß die auf den ersten Blick so ansprechende Bestimmung der rätselhaften Erscheinung als Maria in der Erwartung ihrer Geburt nicht aufrechterhalten werden kann. Und von diesem Brennpunkt aus erschließen sich dann in zahlreichen feinen Verknüpfungen die reichen figürlichen, sachlichen, pflanzlichen Einzelheiten der Tafel zu dem von der geistvollen nordischen Seherin geschauten Gesamtbilde der Excellentia Virginis, der einzigartigen Stellung der heiligen Jungfrau im Heilsplan. Verkündigung und Auferstehung schließen sich als Eckgedanken sinngemäß an, und auch die Kreuzigung fügt sich — mit der sichtlich betonten Erscheinung der weißgewandeten Mutter des Herrn als Schmerzensmutter — mühelos ein. Es waren nicht bloß formale, sondern gedankliche Gründe, die diese — nur scheinbare — Spaltung des mariologischen Themas veranlaßt haben, und man steht nun erst recht staunend vor der überlegenen Begabung des Meisters, der den beziehungsreichen, vielgestaltigen Inhalt des „Sermo angelicus" der heiligen Birgitta zu einer wunderbaren künstlerischen Einheit zu verarbeiten wußte. Und wenn wir uns fragen, auf welchem Wege Grünewald zu seiner nicht alltäglichen Vorlage kam, so werden wir wieder auf Nürnberg[76] geführt. Nur sechs Stunden südöstlich, bei Altdorf in der Oberpfalz, stand das berühmte Birgittenkloster Gnadenberg, dessen herrliche Ruinen der gotischen Kirche von 1483 (1518) heute noch zum Besuch einladen, das Hauskloster der Nürnberger Patriziergeschlechter der Fürer, Scheurl, Imhof, Schlewitzer, Tucher, Holzschuher u. a.[77] Zahlreiche Töchter dieser Familien nahmen in Gnadenberg den Schleier und unterhielten, wie die erhaltenen Briefe beweisen, einen regen geistigen Verkehr mit ihren Stammfamilien. Seit 1504, als Nürnberg im Landshuter Erbfolgekriege die nordwestliche Oberpfalz besetzte und die Vogteimacht über das Kloster ausübte, gestalteten sich die Beziehungen noch enger, die Eintritte mehrten sich, und das Kloster erfreute sich bedeutender Stiftungen durch die Nürnberger führenden Geschlechter.

Als 1472 das Birgittenkloster Maihingen im Ries gegründet wurde, waren fünf von den acht dorthin gesandten Nonnen Nürnbergerinnen.

Neben Gnadenberg und Maihingen, für das Schäufelein im Jahre 1508 von Nürnberg aus arbeitete,[78] und das ebenfalls zum Nürnberger Einflußbezirk gehörte, bestand in Süddeutschland nur noch die Niederlassung in Altomünster B. A. Aichach, das einzige noch blühende Kloster deutscher Zunge, ebenfalls eine Gründung von Gnadenberg. In Maihingen ist übrigens auch der stark mit birgittinischem Schrifttum durchsetzte Inhalt des „Taschenbüchlein aus dem Ries" entstanden, das Grünewald, wie wir gesehen haben, für die Darstellung seines Mauritiusbildes benützt hat. Die im Mittelalter hoch angesehenen Offenbarungen der heiligen Birgitta waren bald Gegenstand theologischer Erörterungen geworden.[79] Die großen Kirchenversammlungen von Konstanz und Basel, denen sie zur Begutachtung vorgelegt wurden, gaben keine Entscheidung. Ihr Grundton ist eine „ideenreiche, mit der deutschen verwandte, aber von Birgittas Originalität und ihrem schwedischen Charakter eigentümlich gefärbte Mystik, voll tiefer Blicke in das Geheimnis der Gottseligkeit, aber auch voll Handlungskraft".[80] Die erste Druckausgabe ihrer Offenbarungen (acht Bücher, ein Buch Extravagantes, Klosterregel und Sermo angelicus) erschien, besorgt von den Mönchen des Mutterklosters Vadstena, 1492 in Lübeck, wie überhaupt der deutsche Norden infolge der Nähe des schwedischen Stammlandes dem Einfluß der birgittinischen Mystik in erster Linie ausgesetzt war. Im Süden ist nur Nürnberg wichtiger Ausgangspunkt birgittinischer Gedanken. 1500 erscheint hier bei Hans Koberger die schöne, in der Dürerwerkstatt ausgeschmückte lateinische Ausgabe der Schriften der Heiligen, die rasch mehrere Auflagen erlebte. 1502 ließ Koberger eine deutsche Ausgabe folgen.[81]

Nachträglich macht uns Herr Stadtarchivar Dr. Josef Clauß in Konstanz aufmerksam, daß das Nonnenkloster Schönensteinbach, Kreis Gebweiler im Elsaß, seit 1397 der heiligen Birgitta von Schweden geweiht war. Dieser Hinweis ist wichtig und macht Einflüsse aus nächster Nähe denkbar. Tatsächlich befand sich in diesem Kloster eine Uebersetzung des 4. Buches der Offenbarungen S. Birgittae in Bruchstücken.[81a] Ebenso findet sich nach einer Mitteilung von Herrn Stephan Kozáky in Budapest in der Wiener Nationalbibliothek in einer Handschrift des fünfzehnten Jahrhunderts (Nr. 3009, deutsch, fol. 104a bis 124a) das Urteil über eine Seele aus den Offenbarungen der heiligen Birgitta (Offbg. VI 31 und VI 39?, drei Visionen) als Anhang zu einer Jedermannlegende.[81b] Diese Handschrift ist in Straßburg entstanden.

Noch müssen wir uns kurz mit den drei neuesten Deutungsversuchen von Rudolf Günther, Egid Beitz und Rudolf Weser auseinandersetzen.

Günther[82] unternimmt den beachtlichen Versuch einer Teilerklärung der beiden Madonnen mit dem Engelkonzert unter bemerkenswerter Einfühlung in die katholische Gedankenwelt der vorreformatorischen Zeit. Er bringt das Mittelbild auf die Formel Mater et sponsa, Maria als Mutter mit dem Kinde rechts und als mystische Braut Christi links unter dem Portalbogen. Als Beweis für den Stärkegrad des mystischen Brautgedankens in der mittelalterlichen Ikonographie beruft sich Günther auf die Darstellung der Verkündigung an Maria, des Weihnachtsbildes, der Maria in der Sonne, der unbefleckten Empfängnis, der Krönung Mariä, der Tempeljungfrau. Diese Stoffe sind jedoch nicht mystischer Natur, sondern aus der Heilsgeschichte erflossen. Die rein mystischen Beziehungen wurden in der Großkunst des Mittelalters (wohl in der klösterlichen Buchmalerei!) schon um deswillen nicht dargestellt, weil sie nicht Gemeingut waren, also vom Volke nicht verstanden worden wären. Günther versucht allerdings noch einige unmittelbare Hinweise, so auf Maria als sponsa Christi am Mittelportal zu Laon (!), am stark umstrittenen Schottenportal in Regensburg und auf die übliche Darstellung des Thrones Salomons. Die kniende Mädchengestalt zu Isenheim hat aber mit dem Throne Salomons gar nichts zu tun, und außerdem erbringt der Verfasser nicht die Spur des Beweises dafür, daß irgendwo der Bildgedanke Mater et sponsa in derselben dramatischen Spaltung, auf zwei Personen verteilt, sich findet, wie das nach seiner Ansicht im Mittelbilde des Isenheimer Altares der Fall sein soll. Somit bleiben nur noch die zahlreich gegebenen Schriftnachweise, in denen Maria als sponsa gefeiert wird. Der Erklärungsversuch Günthers kommt so in der Wirkung auf die Methode Bernharts hinaus, d. h. er ist beweisunkräftig. Gegen die Erklärung Günthers stellt sich vor allem auch das schwerwiegende Bedenken ein, daß sie lediglich eine Teilfrage, nämlich die beiden Marien mit ihrer nächsten Umgebung, behandelt. Wichtige Teile, vor allem die Flügel und Außenseiten, bleiben ununtersucht und werden nicht einmal versuchsweise dem Leitgedanken dienstbar gemacht.

In denselben Bahnen einer splitternden Einzelerklärung bewegt sich Egid Beitz,[83] der sich methodische Auseinandersetzung schenkt und kurzer Hand vom Augustinerbrevier der Antoniter ausgeht. Die Lücken sucht er aus dem speculum humanae salvationis zu schließen. Beitz verläßt aber seine Quelle im Verlaufe der Darstellung sehr bald, offenbar weil er findet, daß sie zu wenig ergiebig ist. Wir haben selbstverständlich das für den Antoniterorden maßgebende Augustinerbrevier auf der Suche nach einer Lösung ebenfalls durchgesehen, aber bald wahrgenommen, daß über die üblichen Darstellungen hinaus treibende Bildgedanken, die sich zu dem eigenartigen Stoffgehalt des Isenheimer Altars hätten verdichten können, nicht auszuschöpfen waren. Beitz wendet denn auch sehr bald das Steuer und treibt das kühne Fahrzeug seiner Bilddeutung in die uferlosen Gewässer überallher aufgeraffter schriftlicher und ikonographischer Hinweise, in denen irgendwo von Braut, Rose, Feigenbaum, Eckstein, mystischem Brautbett usf. die Rede ist. Wie man sieht, der Bernhartsche Vorgang in neuer Aufmachung. Es liegt ganz in der Richtung dieser überspannten und willkürlichen Deutungsweise, wenn die drei musizierenden Engel nicht als Engel, sondern als Allegorie von Glaube, Hoffnung und Liebe (!) bestimmt werden. Man höre: Weil der geflügelte Engel „erwartungsvoll zu Maria aufblickt und die Kirche zu Maria spes nostra betet", ist er als Sinnbild der Hoffnung zu fassen. Außerdem ist er grün gefiedert, und grün ist die Hoffnung. Die drei Engel gehören zusammen, „ist demnach der eine die Hoffnung, so werden die zwei andern Glaube und Liebe darstellen". Bei den vier kleinen Engeln (in Wirklichkeit sind es mehr als vier) denkt er „in erster Linie an die vier Grundtugenden: Klugheit, Mäßigkeit, Tapferkeit und Gerechtigkeit, die im Gefolge der Mutter Gottes auftreten". Als Beweis gibt Beitz eine Abbildung aus dem Kodex von Amiens in der Pariser Nationalbibliothek, die zeigt, wie fünf (!) Engel den Schoß der heiligen Jungfrau mit Hämmern bearbeiten, um das Jesuskind herauszuschmieden. Ein Gesamtprogramm des Altares gibt es nach Beitz überhaupt nicht. Er spart sich daher die Mühe, die inhaltlich mit dem Mittelbild verbundenen übrigen Altarbestandteile in seinen Lösungsversuch einzuordnen.

*Rudolf Weser*[84] greift im wesentlichen auf die heilsgeschichtliche Erklärung des sogenannten Weihnachtsbildes zurück, also auf die Linie von Schmid, Kögler, Walter, Müller, A. L. Mayer, Hagen und Bernhart. Er deutet rückläufig die kleine Maria wieder als *Maria der Erwartung* und verzichtet auf eine Erklärung der eigenartigen Reihe: Verkündigung, Geburt mit Engelkonzert und Auferstehung. Die Gleichsetzung: Einzelheilige im Schrein und Salvator mit den Jüngern in der Predella = *Pfingstfestkreis* ist gekünstelt und nicht überzeugend. Die Tatsache, daß man sich seit Jahrzehnten um den letzten Sinn dieser Dinge streitet, beweist doch, daß sich die eigenartige Bildsprache des Isenheimer Altares nicht aus der üblichen Mariologie oder aus Liturgie, Predigt und geistlichem Schauspiel befriedigend erheben läßt. Wenn die Teilung in ein Fest-, Passions- und Heiligenthema „unliturgisch" ist, dann waren alle die tausend Wandelaltäre vom St. Gotthard bis zur deutschen Wasserkante in diesem Sinne unliturgisch, denn sie haben alle fast ausnahmslos diese Dreiteilung. Die angebliche Einwirkung des geistlichen Schauspiels auf die darstellende Kunst — ein von Paul Weber aufgeworfener, in seiner allgemeinen Fassung sehr unheilvoller Lehrsatz — ist heute durch die neueste Forschung (vergl. Sauer im kunsthistorischen Jahrbuch der Görresgesellschaft, 1. Bd.) ursächlich in ihren Gegensinn verkehrt: Das Schauspiel wird vielmehr durch die kirchliche Kunst der Zeit befruchtet. Warum die Gestalt unter dem Torbogen nicht Maria in der Erwartung sein kann, haben wir ausführlich gezeigt. Der verschlossene Garten ist deutlich zu erkennen. Wo findet sich je in der ganzen Ikonographie die durch Christi Erscheinen überwundene Mauer zwischen Himmel und Erde? Wo ist je die Rose das Sinnbild des dreieinigen Gottes? Die gedankliche Einbeziehung der Kreuzigung, die ja nie mit den andern Tafeln zusammen gesehen werden konnte, durch Weser ist falsch. Ebenso unrichtig ist die Deutung Christi und der Apostel (die ja nicht sitzen, sondern stehen!) als Weltgericht. Der Salvator mit den Zwölfen ist die übliche Predellendarstellung fast aller mittelalterlichen Altäre und ein deutlicher Hinweis auf das kirchliche Lehramt, also auf die apostolische Vermittlung der Heilswahrheiten und Gnaden. Das mariologische Thema war beim Isenheimer Altar geradezu zu erwarten, weil der Altar ja ein Marienaltar war (wie schon der alte Schongauersche Altar an derselben Stelle).

## Der Mariaschneealtar der Stiftskirche zu Aschaffenburg

Dreikönigskapelle: Renaissancerahmen, verändert, 1519 datiert.
Stuppach: Gemälde der Madonna im Grünen. Tannenholz, h. 186 cm, br. 150 cm.
Freiburg i. Br. Städt. Sammlung: Gründung von S. Maria Maggiore. Rückseite: Rechte Hälfte einer Anbetung der Könige, von einem Gehilfen. Tannenholz. Tafel h. 179 cm, br. 91,5 cm. Bild beiderseits ungefähr h. 176 cm, br. 88,5 cm.

Dreikönigskapelle: Der heilige Martin, h. 192 cm, br. 113 cm (größte Breite). Der heilige Georg, h. 190 cm, br. 88 cm (größte Breite). Beide von demselben Gehilfen. Tannenholz, verstümmelt, Rückseiten unbemalt.

Zunächst die Madonna von Stuppach! H.A.Schmid erkannte als erster mit scharfem Blick den Zusammenhang mit dem Mariaschneealtar in Aschaffenburg. Breit gelagert sitzt die heilige Frau mit dem Jesusknaben im Freien. Hinter ihr die mächtige Rücklage eines gotischen Münsters, das mit vielen Einzelheiten an der ehemaligen Südpforte in Straßburg beobachtet ist. Grünewald wird auf seiner Reise nach Isenheim diesen Wunderbau des Südens in seinem Skizzenbuch festgehalten haben. Es wäre verfehlt, in diesem Münster die Mariaschneekirche in Rom sehen zu wollen. Dafür war Grünewald, wie seine Laterangruppe auf der zugehörigen Freiburger Tafel beweist, mit der kirchlichen Ortskunde der Stadt Rom zu sehr vertraut. Sondern dieser Dom ist, wie wir sahen, als Sinnbild der Kirche zu deuten und wird so umgekehrt durch seine Idealform ein Beleg für die von uns vorgeschlagene sinnbildliche Deutung der ganzen Darstellung. Die Landschaft geht schon im Mittelgrunde in ein Stadtbild über: Grenzzone zwischen menschlicher Siedelung und Gottes freier Natur. Beziehungsreiche Bildelemente: Der Feigenbaum, die Lilien, der ragende Dom, der Regenbogen, der Bienenstand. Die Madonna ist reich gewandet, Kopf und Büste von den wogenden Strähnen blonden Haares umflutet, und die volle Entfaltung des großgeblümten karminroten Goldbrokates mit seiner Pelzverbrämung weckt die Vorstellung unvergleichlicher Wertigkeit. Ein in weichen Formen hingehauchter Schleier verstärkt den Liebreiz der heiligen Frau und wirkt weißhöhend auf die Sattigkeit der roten und blauen Farben. Die Zweiheit von Madonna und Dom ist groß gesehen, durch dieselbe Farbenstufe zusammengehalten und läßt anderes als Beiwerk zurücktreten. Das Spiel der Hände von Mutter und Kind ist jetzt, nach der Entfernung von Uebermalungen, von entzückender Anmut. Der Regenbogen ist wie ein mächtiger Heiligenschein um das Haupt der heiligen Jungfrau geschlagen. Die Beziehung ist also deutlich gegeben. Die empfundene Wellenlinie des schlanken Bäumchens folgt konzentrisch der Umrißlinie der Madonna und verankert für das Auge diese und den Dom zu einer vielsagenden Zweieinigkeit.

Eine der ganz großen Arbeiten Grünewalds! Vielleicht seine lieblichste Schöpfung. Form und Bildgedanke sind hier wie selten irgendwo aus liebevollster Versunkenheit in eins geflossen. Wir sprachen schon von der unbestreitbaren Entlehnung Birgittinischer Vorstellungen, von dem aufregenden Gesicht der schwedischen Seherin in S. Maria Maggiore, der Mariaschneekirche Roms: das Münster die heilige Kirche, die schlechte Verwalter zerfallen ließen. Der Regenbogen die heilige Jungfrau, die als Mittlerin und Bringerin des Friedens zwischen Himmel und Erde steht. Die verschwommenen Luftbezirke des Hintergrundes sind die „grausamlichen Wolken", die gegen die himmlische Erscheinung dräuend heraufziehen. Der Bienenstand das Sinnbild der innigen Verbundenheit von Mutter und Sohn. Es ist das Schlüsselstück für zahlreiche weitere Entnahmen aus der seherischen Stoffwelt Birgittas.

Ehre dem Pfarrer Blumhofer, der von der einmaligen Größe dieser unvergleichlichen Schöpfung ergriffen, das Bild um 1809 von Mergentheim nach Hause brachte und in seiner kleinen Landkirche in Stuppach aufhing, das von nun an seines kostbaren Besitzes wegen eine späte und überraschende Berühmtheit erlangte. Hier hat im Jahre 1907 der Kirchenmaler W. Ettle das Bild als Grünewald erkannt, und Konrad Lange hat diese Bestimmung alsbald wissenschaftlich erhärtet.[85]

Umfangreiche, Jahre umfassende Wiederherstellungsarbeiten durch Professor von Tettenborn in der Stuttgarter Galerie, die z. Zt. noch nicht abgeschlossen sind, ließen Uebermalungen verschwinden und brachten ursprüngliche Schönheiten an Form und Farbe zu Tage, die nun deutlich den Zusammenhang mit dem Freiburger Bilde des Schneewunders dartun. Das Weiche, Breite und Verblasene des Freiburger Schneewunders kehrt wirklich in Stuppach wieder, und es liegt kein Grund mehr vor, die beiden Bilder verschiedenen Altären zuzuweisen.

Wir sehen uns so genötigt, die früher geäußerte Vermutung, daß die Stuppacher Tafel als Bild des sogenannten Schleieraltars mit dem

Peplon B. M. V. in Tauberbischofsheim stand, zurückzunehmen.[86] Die gemalte Bildfläche ist unten nicht beschnitten (wie uns H. A. Schmid neuerdings versichert), eine Zugehörigkeit zu den maßstäblich anders gearteten Tauberbischofsheimer Tafeln ist also nicht möglich. Eine alte Bezeichnung des Gemäldes am unteren angeblich abgesägten Rande, die J. Zeller[87] behauptet, ist unwahrscheinlich (da ja der Rahmen signiert ist) und vielleicht in den alten Mesner von Stuppach hineingefragt. MG unverschlungen ist zudem bei Grünewald nicht belegt. So richtig es ist, daß die Rahmeninschrift „Maria mater graciae mater misericordiae Tu nos ab hoste protege" meist Schutzmanteldarstellungen eignet, so klar ist auf der andern Seite durch die erschlossene schriftliche Quelle die Beziehung zum Schneewunder gegeben. Dyroff, Ueber die Bedeutung des Stuppacher Marienbildes von M. Grünewald (Zeitschrift f. christl. Kunst 1917 S. 139 ff.) schließt aus der Betonung des Lilienmotivs auf die Sandkapelle „zur weißen Lilie" vor der Stadt Aschaffenburg als Ort der ursprünglichen Aufstellung. Aber die Lilie war als marianisches Sinnbild so allgemein geläufig, daß dieser Schluß nicht überzeugen kann. Dyroff selbst gibt zu, daß das Gnadenbild dieser Kapelle ein Vesperbild war.

Der Freiburger Altarflügel, von Bayersdorfer entdeckt und von Franz Rieffel bekanntgegeben,[88] stammt nachweisbar aus der Aschaffenburger Stiftskirche. Er wurde 1828 für die bayerische Zentralgemäldegalerie erworben, jedoch am 21. Januar 1852 mit zweitausend andern angeblich wertlosen Bildern um den Spottpreis von 15 fl. 36 kr. versteigert. Als Käufer ist ein „Herr Seitz" verzeichnet. Gemeint ist wohl der Freiburger Domkapitular Fidel Haiz (gestorben 1872),[89] aus dessen Nachlaß das Bild in den Besitz des Freiburger Arztes Dr. Thiry und dann dessen Tochter Frida Thiry gelangte. Nach deren Tod am 20. September 1904 kam die wertvolle Tafel durch letztwillige Verfügung an die Kunstsammlung der Stadt Freiburg. Bei seiner Tante Thiry hat der Verfasser vor diesem Bilde und an der Seite seines Vetters Franz Rieffel im Jahre 1903 seine erste Offenbarung Grünewaldscher Wesensart empfangen.

Das Freiburger Schneewunder (rechter Flügel, linker verschollen) ist die feierliche Wiedergabe des in der Legende geschilderten Augenblicks: Der Papst Liberius, mit einem roten Chormantel angetan, überragend in den Vorderplan gerückt und in seiner Ausfallstellung wie ein mächtiger Querriegel die beiden Bildränder verspannend, führt, begleitet von seinen ebenfalls rotgewandeten beiden Diakonen, die ersten Spatenstiche zum Baue der nach ihm genannten Liberianischen Basilika St. Maria ad nives, und zwar auf dem Schneefleck, der wunderbarer Weise am Morgen des 5. August sich eingestellt hatte. Das Stifterpaar, Mann und Frau, festlich gewandet, verharrt kniend in ehrerbietiger Haltung. Ein kräftiges Rot bestimmt nach dem Gesagten den farbigen Eindruck des Ganzen. Der Hintergrund mit der Laterankirche verrät eine überraschend gute Vertrautheit des Malers mit den örtlichen Verhältnissen. Grünewald weiß, daß die Wohnung des Papstes bis zum vierzehnten Jahrhundert der Lateran war, und zwar die Nordseite der großen Gebäudeanlage. Man sieht den Papst — das Nacheinander des geschichtlichen Vorganges ist hier in der üblichen veralteten Weise in ein räumliches Nebeneinander auf derselben Bildfläche verwandelt — während des Schlafes von demselben Traume befangen wie die Stifter, und in dem einen der beiden Rundbauten erkennt man mühelos das nordwestlich anstoßende bekannte Baptisterium. Woher Grünewald seine Bildvorstellung schöpfte — wir glauben wie gesagt nicht an einen Aufenthalt in Italien — ist nicht mehr auszumachen. Graphische Vorlagen waren aber sicher bei den häufigen Beziehungen zum Einheitspunkte der Christenheit auf deutschem Boden in großer Zahl vorhanden.

Der linke Flügel zeigte wohl der Stifter Gelöbnis an die heilige Jungfrau (vgl. den Holzschnitt bei Reitzmann; das noch vorhandene „Einsiedelbild" ist in der Darstellung verwandt). Er muß, wie früher gesagt, als verloren gelten. Die beiden abgerundeten Stellflügel von heute sind von späterer Gehilfenhand des sechzehnten Jahrhunderts.

## Das sogenannte kleine Kruzifix

Das vermutliche Urbild ist im Jahre 1922 in westdeutschem Privatbesitz nach langem Verschwundensein wieder zu Tage gekommen und von Max Friedländer erstmals der Oeffentlichkeit vorgestellt worden.[90]

Guido Schönberger[91] gibt die Reihe der zahlreichen Nachbildungen wie folgt:

1. Bei Herrn Dr. von Pauer, München. Gemälde, Holz, 62,5×47 cm. Siebzehntes Jahrhundert. Erworben in der Gegend von Würzburg. Besprochen bei Hagen, Mathias Grünewald, Seite 218 ff. und A. L. Mayer, Matthias Grünewald, Seite 39 f. (Taf. 14b).

2. Kupferstich von Raphael Sadeler. 28,8×20,5 cm ohne, 30,4×20,5 cm mit Unterschrift. 1605. (Nagler Nr. 63.) Vorhanden in der Graphischen Sammlung München (Abb. 9).

3. Bei Freiherrn von Cramer-Klett, Hohenaschau. Gemälde 70×52 cm. Siebzehntes Jahrhundert. Aus Preysingschem Besitz. Besprochen von H. A. Schmid, S. 227 f. (Tafel 14a).

4. In der fürstlichen Gemälde-Galerie Donaueschingen. Gemälde, Holz, 33,5×22 cm. Nach Widmungsaufschriften auf der Rückseite vor 1681. Erworben in Riedlingen a. d. Donau. Stammt aus Kloster Heiligkreuztal (Abb. 13).

5. Im Kaiser-Friedrich-Museum in Berlin. Gemälde, Kupfer, 20,5×15 cm. Siebzehntes Jahrhundert. Besprochen von Binder. Amtliche Berichte aus den Preußischen Kunstsammlungen, Band 33, 1912.

6. In Privatbesitz in Basel. Gemälde, Holz, 29,3×20,8 cm. Siebzehntes Jahrhundert. Bezeichnet am Fuße des Kreuzes mit einem aus H, D und V (?) zusammengesetzten Namenszug. Erworben in München (Taf. 14c). Es fehlt die Figur der Magdalena. Erwähnt von H. A. Schmid, S. 228.

7. Im Museum zu Friedberg. Gemälde, Holz, 97×71 cm im Rahmen. 1. Viertel des siebzehnten Jahrhunderts. Stammt aus Friedberg. Erwähnt von Rauch in der Kunstchronik N. F. 32, 1921, S. 490.

8. In der St. Lorenzkapelle zu Rottweil, Nr. 135. Gemälde, Holz, 94,5×70 cm. Siebzehntes Jahrhundert. Bezeichnet am Fuße des rechten Schächerkreuzes: Kurtz, Kreuzigung mit den beiden Schächern und vielen Figuren. Nur Christus selbst nach Grünewald gebildet. (Taf. 14d).

9. Im Historischen Museum in Basel. Relief, Nußbaumholz, 59,5×29 cm. Siebzehntes Jahrhundert. Bezeichnet unterhalb des Totenkopfes: F. E. Mit Wappen der Familie Zurlauben in Zug. Erwähnt von Niedermayer, Z. f. Kunstwissenschaft VII, 1884, Seite 251 und von H. A. Schmid, S. 228 (Abb. 14). —

Das Bild ist um seiner kleinen Maße und seiner eindrucksvollen Darstellung willen, wie sich zeigt, oft wiederholt worden und als Andachtsbildchen sehr geschätzt gewesen. Raphael Sadeler hat es sogar im Jahre 1605 in Kupfer gestochen und von seinem klassischen Empfinden aus umgesetzt: Die Unsymmetrie ist aufgegeben, das Kreuz in die Mitte gesetzt, der heilige Johannes vom Kreuze abgerückt. Dadurch sind die Massen im Bilde verschoben und die Eindringlichkeit der Gruppe rechts — Gekreuzigter mit Johannes — zerstört. Der Stich ist dem Besitzer, Herzog Wilhelm V. dem Frommen von Bayern, gewidmet und geht auf seine Bestellung zurück. Sandrart erzählt uns darüber in seiner Teutschen Akademie von 1675 (II. Teil, S. 236): „Ferner haben Ihre Fürstl. Durchlaucht Herzog Wilhelm in Bayern hochseligen Andenkens / als vernünftiger Urtheiler und Liebhaber der edlen Kunst ein klein Crucifix mit unser lieben Frauen und S. Johann / samt einer niederknienden und andächtig betenden Maria Magdalene / so fleißig gemahlt von seiner Hand (sc. Grünewald) gehabt / auch sehr geliebt ohne daß sie gewußt / von wem es sey / selbiges ist / wegen des verwunderlichen Christus am Creutz / so ganz abhenkend auf den Füßen ruhet / sehr seltsam / daß es das wahre Leben nicht anderst thun könnte; und gewiß über alle Crucifix natürlich wahr und eigentlich ist / wann ihm mit vernünftiger Geduld lang nachgesonnen wird / solches ist deswegen halb-Bogen groß / auf gnädigen Befehl hochgedachten Herzogs / Anno 1605 von Raphael Sadler in Kupfer gestochen worden / und erfreute hernachmalen Ihre Churfürstl. Durchl. Maximilian seligster Gedächtnis höchlich / da ich des Meisters Namen geoffenbart."

Nach den neuesten Forschungen Hohbachs ist dieses kleine Crucifix mit einiger Wahrscheinlichkeit „das tefflin mit einem crucifix", das 1528 im Nachlaß des 1527 verstorbenen Kanonikus Heinrich Reitzmann in Aschaffenburg verzeichnet steht und wohl zu den 1526 ihm vermachten Kleinodien usw. seines Amtsgenossen Kaspar Schanz gehörte. Ueber Georg Schanz, der den Reitzmann beerbte, aber nur kurze Zeit überlebte, mag das Bild an das Stift und so später an das bayerische Herrscherhaus gediehen sein. Es kann aber nicht die Tafel sein, für die sich nach Erwin Hensler der Herzog Wilhelm V. 1613, Juni 21. beim Stift bedankt.

Sandrart mag das Bild noch um 1650 in München gesehen haben. Es galt als bei einem der beiden Brände der Münchener Residenz 1674 und 1729 untergegangen, scheint aber doch in dem 1922 in Privatbesitz bei Herrn Landrat Schöne-Essen aufgetauchten Stück erhalten zu sein. Die Frage ist äußerst schwierig. Das Bild, 61,5×46 cm, macht seit der Beseitigung der Uebermalung einen sehr starken und ursprünglichen Eindruck, und so besonnene Forscher wie Max Friedländer, H. A. Schmid und G. Schönberger neigen stark zur Bejahung der Echtheit. Gewisse schwache Stellen werden auch von ihnen zugegeben, sind aber nicht imstande, mit der zwingenden Kraft eines Gegenbeweises aufzutreten. Uns will der verwunderlich schlechte Malgrund — die kleine Holztafel ist aus zwei Stücken zusammengesetzt und zeigt zudem eine Reihe von ursprünglichen Flickstellen — immerhin auffallen. Auch sind die vier kreisrunden Löcher im Johannesmantel, die wohl auf eine gewaltsame Verletzung zurückgehen, mit der sprichwörtlichen Hochschätzung des Bildes, die doch zu einer schonenden Behandlung verpflichtet hätte, nicht recht verträglich.

Aber wie dem nun sei, die Tafel wahrt sich einen erheblichen Abstand von sämtlichen bekannten Nachbildungen. Sie kommt dem möglicherweise von ihr verschiedenen Urbild denkbar nahe, offenbar auch in der Farbgebung; denn von den neun gemalten Kopien zeigen drei dieselbe Farbverteilung, nämlich die des Freiherrn von Cramer-Klett, des Herrn von Pauer und die der Donaueschinger Galerie. Sie war also offensichtlich vorgefunden. Während die beiden erstgenannten dem erschlossenen Urbild sehr nahe stehen und nach der feinsinnigen Vermutung Schönbergers auf eine gemeinsame erste Kopie zurückgehen, ist die Donaueschinger Nachbildung nach dem Stiche geschaffen, hält aber ebenfalls die ursprüngliche Farbgebung, wenn auch wie die beiden andern in vereinfachter Weise, fest. Sie hat vor den andern den Vorzug einer gewissen zeitlichen Bestimmbarkeit, denn sie muß, nach der Inschrift auf der Rückseite zu schließen, in der ersten Hälfte des siebzehnten Jahrhunderts entstanden sein. Sie entstammt dem ehemaligen Zisterzienser-Nonnenkloster Heiligkreuztal bei Riedlingen a. D.[92] Das helle Braungelb im Johannesmantel in Verbindung mit blaugrünem Futter, das zweierlei Rot bei Johannes und bei Magdalena und seine Dämpfung durch das durchscheinende graue Kopftuch der Magdalena ist zwar bei Grünewald nicht wörtlich zu belegen, mutet aber in seiner Eigenständigkeit und seiner Erfindungsgewalt durchaus grünewaldisch an.

Wir setzen das kleine Kruzifix aus den früher entwickelten Gründen (s. den Abschnitt „Nacheinander der Werke“) in die Spätzeit, und zwar an das Ende der Aschaffenburg-Seligenstädter Zeit (1519/20).

## Das Fresko im Kapitelsaal des Mainzer Domes

Von dem Kapitelsaal des Mainzer Domes wurde vermutlich zu Anfang des sechzehnten Jahrhunderts ein östlicher Teil durch eine Querwand abgetrennt und so ein Raum geschaffen, der wohl als majus capituli hypocaustum, d. h. als die *große heizbare Kapitelstube* gedient hat. In der Nordwestwand dieses abgetrennten Teiles sitzt ein Freskogemälde, das Friedrich Schneider schon 1903 in den Anfang des sechzehnten Jahrhunderts verwies, während Kautzsch und Neeb anscheinend aus architektonischen Gründen an das Ende des sechzehnten Jahrhunderts denken.[93] Das Bild spricht jedoch in den Formen der Frührenaissance, und diese geben der Ansetzung Schneiders recht. Daß die östliche Stirnwand kurfürstliche Elektoren aus der Zeit des Kurfürsten Daniel Brendel von Homburg, also aus dem Ende des genannten Jahrhunderts aufweist, stört diese Feststellung in keiner Weise; denn die Malereien dieser Nordwestecke waren durchaus eine Sache für sich und durch eine Ueberwölbung, deren Rippenansätze noch teilweise vorhanden sind, von dem übrigen Raume als Schatzkammer des Kapitels oder Kaminanlage (?) abgesondert. Die allegorische Figur einer Justitia (?), die mit ihrem tafelhaltenden Putto auf einer Gebälklage des halbkreisförmigen Obergeschosses sitzt, in reicher Gewandung, mit Krone, Hermelinhalskragen und geschupptem und unten gezaddeltem Schulterkragen, desgleichen die in der unteren Zone des Bildes stehende, nach oben schauende weibliche Figur mit der Krone in der einen, der Rute oder Geißel in der andern Hand, deuten ebenso wie die Inschriften GLVCK über dem Haupte und ARMVT zur Linken der Figur auf das richtige Verhältnis zu den Gütern des Lebens und das Schicksalhafte alles irdischen Besitzes und mögen sich sehr wohl für ein Schatzbehältnis geschickt haben. Peter Metz hat nun jüngst (im Maiheft 1929 des Cicerone) die Vermutung ausgesprochen, daß Grünewald mindestens am Entwurf und der Ueberwachung der Ausführung beteiligt war, und begründet diese Vermutung vor allem mit der sich hier aussprechenden eigenartigen Raumauffassung Grünewalds. Es ist in der Tat der bekannte flächige Raum des Meisters, der erst tiefgründig wird durch die Lichtführung, also nicht durch bildaufbauende, sondern durch optische Mittel. Das Bild ist schlecht erhalten, Einzelheiten sind untergegangen, aber man spürt doch ex ungue leonem, d. h. man fühlt die ursprünglichen starken Werte durch den Zerfall hindurch, so besonders, wie Metz sehr richtig sieht, in der Figur des Putto und der Fortuna, die viele Vergleichsmöglichkeiten mit der Grünewaldschen Art aufzeigen. Gerade die Fortuna steht u. E. in der Gesamthaltung der Prinzessin auf dem Frankfurter Bilde des heiligen Cyriak außerordentlich nahe. Die Gebälkschnitte zeigen große Aehnlichkeit mit dem Mariaschneebilde, vor allem mit der Karlsruher Kreuzschleppung. Die Gesichtsbildung der Justitia ist in der Tat der der heiligen Katharina (Zeichnung Grünewalds für das Mainzer Dombild) abgeschrieben, und die Zaddelung der Justitia findet sich schon bei dem einen der beiden aufeinander einredenden Propheten in Isenheim. Was an Farbe noch vorhanden ist — violett gebrochenes Rotbraun der Bauteile, blaugrüne Gewandung u. a. —, stimmt durchaus zur absonderlichen Manier Grünewaldscher Farbigkeit. Die Gleichheit der Schriftgattung in den

Worten GLVCK und ARMVT stimmt geradezu auffallend mit der Inschrift auf der Karlsruher Kreuzschleppung überein.
Grünewald malt 1520 für den Mainzer Dom seine verlorenen drei Altarbilder. Dem Stile nach steht nichts im Wege, das Fresko in diese Zeit zu verweisen. Im Protokoll des Mainzer Domkapitels vom 19. Februar 1521 heißt es: „Haben mein gnädige Herren des Kapitels beslossen, etlich personen zu eligiren und zu deputiren, die Gewelb Ihrer Gnaden zu reformiren." Wenn diese Stelle, wie Kautzsch und Neeb begründeterweise annehmen, auf das Kapitelhaus zu beziehen ist, so mag die Ausmalung im Verlaufe dieses Umbaues erfolgt sein, und wir hätten einen urkundlichen Beleg für die Zeitbestimmung bald nach 1520.

## Die Karlsruher Tafeln, ehedem in Tauberbischofsheim

Karlsruhe, Bad. Kunsthalle: Kreuzigung, h. 192, br. 152 cm. — Kreuzschleppung, h. 193, br. 151 cm. Tannenholz. Ehemals Vorder- und Rückseite ein und derselben Tafel.
Ueber die Art der Aufstellung in der Heiligkreuzkapelle der alten Pfarrkirche von Tauberbischofsheim und die Bildgeschichte haben wir in dem Abschnitt über die zeitliche Einordnung bereits ausführlich gehandelt.
Man erlebt ein zweites Mal die tiefen Schauer der Isenheimer Kreuzigung. Wenn möglich, mit gesteigerter Empfindung. Denn das Haupt des Gekreuzigten ist von vollendeter Häßlichkeit, und der zerrissene Leib nimmt größere Formen an. Er wird, dem gewandelten Körpergefühl Grünewalds gemäß, voller und fleischiger. Wieder starrt das rohe Gefüge der Kreuzesbalken in die Lüfte. Wieder verkrampfen sich die Finger, spannen sich weit die langen Arme, öffnet sich der Mund, schrauben sich die Füße, von der Last des wuchtenden Körpers gedreht, um den grausamen Nagel. Wiederum spiegelt sich die erschütternde Größe des geschichtlichen Augenblicks in den leidgespannten Gesten der Maria und des Johannes. Wiederum spricht das Düster des Hintergrundes und die kleine Farbenstaffel, die sich zwischen Gelb, Gelb-

grün und Rosa bewegt, ihre ergreifende Sprache. Venite et videte. Kommt und seht, ob ein Schmerz gleich sei meinem Schmerze!
Die Kreuzschleppung spielt sich, merkwürdig genug, in einer halb-offenen Torhalle ab, die den düsteren Hintergrund abgibt. Scharf hebt sich vom hohen Horizont der vielsagende Schattenriß der Tempel-kuppel ab: das amtliche Judentum, die Priesterkaste, tötet ihren Messias! Der Heiland, unter dem entsetzlichen Marterholz in die Knie gebrochen, fühlt sich am Ende seiner Kraft und schickt den Aufschrei seiner gequälten Seele zum Vater. Selbst diesen geweihten Augenblick besudelt ein bejahrter Scherge mit der Spottgeste der Kniebeugung, indes die übrige Rotte begreiflicherweise durch erbarmungsloses Zu-schlagen auf eine Verkürzung der unliebsamen Stockung drängt.
Es war der Altar einer linken Seitenkapelle in der Stadtkirche des kleinen kurmainzischen Städtchens, der das eigenartige Gebilde, die unglaublichste aller Kalvariaszenen, aufnahm. Eigenartig auch um deswillen, weil die Tafel, auf der Vorder- und Rückseite bemalt, von hinten nur gesehen werden konnte, wenn man sie in der früher be-schriebenen Weise drehte. Dann kam die Kreuzschleppung zum Vor-schein, die durchweg verwandte Töne anschlägt. Alles in allem ein reifes Werk von seltener Schwere und Gehaltenheit der Empfindung, das nicht vor 1520 anzusetzen ist.
Leider ist die alte Pfarrkirche einem Neubau gewichen und Nach-messungen an Ort und Stelle unmöglich. Aber lassen wir vor dieser letzten Offenbarung einer erschauernden Seele alle äußeren Maßstäbe beiseite und bescheiden wir uns mit dem unmittelbaren Erlebnis dieses an Kraft der Gestaltung Tiefsten und Ergreifendsten!

## Das Mauritius- und Erasmusbild in München, ehedem in der Stifts-kirche zu Halle

München, alte Pinakothek, h. 2,26, br. 1,76 m. Tannenholz.
Die Tafel läßt das volle Lebensgefühl der aufziehenden Renaissance ausströmen. Die Darstellung ist im höchsten Grade anspruchsvoll, auf große Wirkung berechnet. Man fühlt die schlecht verhüllte Absicht, unter dem Vorwand eines sakralen Bildgedankens eine Selbstwieder-

gabe des Bestellers zu geben, des Kardinalerzbischofs von Mainz. Ein fast lästerliches Unterfangen. Denn die Janusfigur Albrechts von Brandenburg war alles eher als eine Bekennergestalt im Stile des heiligen Erasmus, des Martyrers von Formiae.[93a] Maßlose Eitelkeit und krankhafte Verschwendung stempeln diesen Mann zum bezeichnenden Vertreter jener gänzlich diesseitig gerichteten Lebenskunst, die mit der Renaissance ihren Einzug hielt. Ohne jeden sittlichen Halt, durchaus käuflich, „geldgitzig und üppig" (Blasius v. Holzhausen), in der Verfolgung seiner persönlichen Ziele jeden Schamgefühles bar — j'ai honte de sa honte, sagt von ihm der habsburgische Unterhändler Paul Armerstorff, da er viermal die deutsche Kaiserkrone an Frankreich zu verschachern suchte, — spielt er in den Entscheidungskämpfen jener aufgewühlten Zeit als würdeloser Charakter eine traurige Zwitterrolle, bis wohl wirtschaftliche Ueberlegungen und persönlicher Geltungstrieb ihn im Jahre 1526, reichlich spät, gegen die Neuerer auf den Plan rufen, nachdem Ulrich von Hutten bis vor kurzem in seiner bischöflichen Pfalz aus- und eingegangen war, und die übelsten Schmähschriften gegen Papst und Kurie unter seinen Augen bei Schöffer in Mainz im Druck erscheinen konnten. Daß er „ein Liebhaber der Kunst" war und Dichter und Tonkünstler ins Brot setzte, vermag den Fehlbetrag seines Lebens nicht auszugleichen.

Der goldbekränzte Mohr ist in einer seltenen Mischung von Plumpheit und Geckenhaftigkeit gegeben, und die derben Handschuhe, die über den prallen Händen klaffen, zeigen, daß Europens übertünchte Höflichkeit ihn nur äußerlich berührt hat. Ob hier der Gedanke an den ritterlichen poeta laureatus Ulrich von Hutten im Unterbewußtsein des Malers mitgespielt hat? An den langjährigen Vertrauten, den der Kardinal trotz seinen maßlosen Schmähungen auf die Kurie nach 1519 Huttenum nostrum nannte? Mit dem er so manche entscheidungsvolle Zwiesprache hielt? Den er in geheimer Sendung an den französischen Hof und zur Kaiserkrönung nach Brüssel schickte, bis der Papst einschritt? Wer mag es wissen!

Die merkwürdige Form des geistig angeregten Zwiegesprächs ist, wie uns bereits (im Abschnitt über das Nacheinander der Werke) klar geworden ist, von Burgkmair übernommen. Die glänzende Formensprache dieses erfindungsreichen Augsburgers, der als erster Schrittmacher der italienischen Renaissance auf deutschem Boden ohnehin die Beachtung auf sich zog, mag Grünewald gelegentlich angesprochen haben. Zudem war ja die Quelle, das Taschenbüchlein aus dem Ries, 1510 ff. Jahre im Druck ausgegangen und unschwer zugänglich. Schon diese formale Beziehung zu Burgkmair zeigt, daß es falsch ist, etwa von einer Bekehrung des heiligen Mauritius durch Erasmus zu reden, die ja auch sonst nirgends bezeugt ist und sich in den Lebensrahmen der beiden Heiligen nicht einfügt. Die reiche Gewandung der beiden in großer Amtstracht gegebenen Hauptpersonen, die in der fabelhaften Abgestimmtheit der Farbe ihresgleichen sucht, ist der Niederschlag der glänzenden Hofhaltung Albrechts, die freilich Hand in Hand ging mit einer der schlimmsten Pfründenhäufungen jener Tage und zugleich mit einer ganz unglaublichen Schuldenwirtschaft. Die Tafel, anspruchsvoll schon durch die Größe des Ausmaßes, ist das weithin sichtbare Aushängeschild der persönlichen Lieblingsstiftung des Brandenburgers, der Stiftskirche zu Halle mit dem großen Heiltum des heiligen Moritz, und will als solches begriffen sein. Sie ist darüber hinaus die reichste und glanzvollste Schöpfung des Grünewaldschen Pinsels, von unerreichter Stofflichkeit vor allem in Gewandung und Rüstung.

## Die Beweinung in Aschaffenburg

Aschaffenburg, Stiftskirche, h. 35 cm, br. 136 cm. Tannenholz.

Das Bild erweist sich durch sein Längsformat als Predella eines Altares und setzt inhaltlich und der Form nach eine ergänzende und die stark bündige Darstellung klärende Kreuzigung voraus, deren Fußstück sie ist. Es wäre ganz ungewöhnlich und zugleich geschmacklos, eine so schmale und auf wenige eindrucksvolle Bildteile sich beschränkende Tafel rechts und links mit zwei anspruchsvollen Wappenschildern zu beschweren, wenn nicht dadurch ein größeres damit verbundenes Malwerk als Stiftung einer bestimmten Persönlichkeit gestempelt werden soll.

Die Frage der Bodenständigkeit ist bekanntlich sehr umstritten. Wir haben schon früher die Gründe aufgezählt, die für die Stiftskirche in Halle als ursprüngliche Heimat sprechen.
Die zwei von jedem Körper losgelösten Frauenhände, die sich schmerzlich über dem Haupte des Leichnams krampfen, zwei im Bilde auftauchende Gesichter ohne Träger u. a. muten fast okkultistisch an und erinnern an verwandte überspitzte Lösungen des Futurismus.
Eine der seltsamsten Schöpfungen des Malers, wo späte Reife und rücksichtslose Abkehr von der Bahn des Hergebrachten greifbar wird. Aschaffenburg, das einst so reich war an gewachsenen und eingebrachten Erzeugnissen der Grünewaldschen Malkunst, freut sich mit Recht dieses einzigartigen Besitzes.
Ein Vergleich mit der zehn Jahre früheren Beweinung in Isenheim ist lehrreich. Dort der liegende Heiland in die rechte Bildhälfte verwiesen, die gestreckte Gerade des Steinsarges, wertgleich der des Leichnams, füllender Notbehelf. Hier in Aschaffenburg die krasse Wucht des toten Leibes breit über die Tafel gelegt, alles Beiwerk bis auf einige Köpfe verdrängt. Nur zwei ringende Mutterhände ragen von oben bedeutungsschwanger über den Bildrand herein.
Man sieht also, wie der Meister mit den Jahren gewachsen ist. Wie ihm alles Kleinliche versinkt und nur die großen Bewußtseinsinhalte beherrschend an die Oberfläche treten. Angesichts der Größe des Augenblicks hätte auch die eitle Zutat der Wappenschilder verschwinden müssen. Der Maler mag sie nur widerstrebend dem Bildganzen eingefügt haben. Sie sind aber äußerst geschickt eingesetzt und wirken wie „zwei mächtige Fanale“ (Hohbach).
Die kluge Farbgebung mit ihren kühlen, ausgewogenen Tönen ist eine seiner stärksten Leistungen.

# Verschollenes und Verlorenes

## Die Verklärung Christi in der Frankfurter Predigerkirche

Auch hier ist die einzige Quelle Sandrart, der offenbar aus eigener Anschauung berichtet: „Absonderlich aber ist sehr preiswürdig die von ihme mit Wasserfarben gebildete Verklärung Christi auf dem Berg Thabor / als worinnen zuvorderst eine verwunderlich-schöne Wolke / darinnen Moyses und Elias erscheinen / samt denen auf der Erden knienden Aposteln / von Invention, Colorit und allen Zierlichkeiten so fürtrefflich gebildet / daß es Selzamkeit halber von nichts übertroffen wird / ja es ist in Manier und Eigenschaft unvergleichlich / und eine Mutter aller Gratien."

Eine wichtige Ergänzung, wie wir sofort sehen werden, bringt seine Teutsche Akademie, zweiter Hauptteil, Nürnberg 1679: „Von diesem vortrefflichen hochgestiegenen Geist und verwunderlichen Meister / haben wir in unserm vorigen Buch am 236 Blat / seiner überfliegenden Erfahrenheit / zum Nachruhm / weitläufftige Meldungen gethan; Was er nemlich für herrliche Wercke, zu Frankfurt / bey den Prediger-München / gemahlt: als / zum Exempel / auf ein Altar-blat die seelige Elisabeth / S. Stephan / S. Lorentz und R. oberhalb dessen auch die Verklärung unseres seligmachers Jesu Christi / auf dem Berge Thabor / da Ihme Moses und Elias in den Wolcken erschienen / im gleichen auch unten an dem Berge die in Furcht gantz verzuckte Apostel / wie nicht weniger die zu Mayntz im Thum gestandene / von den Schweden aber hinweg genommene Altäre."

Da der Helleraltar, zu dem Grünewald die Stellflügel malte, am hintersten rechten Pfeiler stand, muß das Verklärungsbild „R. oberhalb dessen", d. h. über dem Eingang zur hintersten Kapelle sichtbar gewesen sein.

Diese Wand, die freilich heute von einem Fenster durchbrochen ist, müßte auf Spuren des Gemäldes untersucht werden. Die Verklärung gehörte also irgendwie zu der nachträglich erweiterten Bildfolge des Helleraltars und diente dem Andenken dieses mächtigen Stadtadels. Sie mag daher 1511/12 entstanden sein.

Das Kupferstichkabinett Dresden verwahrt zwei Zeichnungen Grünewalds, die uns eine Vorstellung von den „unten an dem Berge in Furcht gantz verzuckten" Aposteln geben. Denn daß hier Studien zur verschollenen Verklärung vorliegen, ist handgreiflich. Der durch die plattenförmige Tonsur mit dem stehengebliebenen Haarkranze als Petrus Ausgewiesene hält mit dem rechten Knie und der rechten Hand Fühlung mit dem Boden, während die erhobene Linke nach etwas Unsichtbarem ausgreift. Rechts daneben ein Wolkenknäuel. Der zweite, langhaarige mit dem ausgekämmten Nackenscheitel, offenbar Jakobus der Aeltere, ist in Rückensicht gegeben, wie er, kauernd, nach dem ersten Schrecken sich zu erheben scheint, um nach einer (nicht sichtbaren) Lichtgestalt auszuschauen.

Nun besitzt die Universitätsbibliothek Erlangen eine lavierte *Federzeichnung Peter Flötners*, Verklärung Christi in einer reichen Umrahmung, die wahrscheinlich ein Entwurf zu einem Grabmal ist. Schon Max Friedländer[94] betont die Möglichkeit, daß die Darstellung im Rahmen der Entwurf eines andern Meisters ist, die Flötner einzurahmen hatte. Auf den ersten Blick fällt die große Verwandtschaft der Bewegungsmotive bei den auf der Erde kauernden Aposteln auf. Petrus und Jakobus sind deutlich erkennbar. Petrus hat dieselbe ausgreifende Geste, hat sich im übrigen etwas mehr erhoben und ist mit dem Gesichte mehr nach dem Beschauer gedreht. Die Haltung des Jakobus ist fast unverändert dieselbe, nur im Gegensinn gegeben, und zeigt ebenfalls den gescheitelten Nacken. Ein dritter Apostel (sogar ein vierter ist entgegen dem biblischen Berichte sichtbar) sitzt am rechten Bildrande auf dem Boden mit dem Blick nach oben und hält sich seinen hocherhobenen Mantel als Blende vor, ein eigenständiger Gedanke, der durchaus Grünewaldscher Erfindung würdig wäre. Man erinnert sich in diesem Augenblick der Gewandstudie Grünewalds in der Sammlung Oppenheimer, London, die als Entwurf für eine kniende Figur bezeichnet wird. Ist es nicht vielmehr, wie aus dem durchwachsenden Körpergerüst und der Lage des überhängenden Mantelsaumes geschlossen werden muß, eben die sitzende Figur, die wir bei Flötner am rechten Bildrande erhalten sehen?

Also die Apostel „unten an dem Berge", der als steiler Felskegel in einer tiefen Landschaft steht, und auf dem der verklärte Heiland in einsamer Herrlichkeit thront, „in Furcht verzuckt". Oben, den Heiland halbkreisförmig einrahmend, die Wolken, in die eingepackt Moses und Elias als Büsten erscheinen. Nach der Zeichnung mit dem heiligen Petrus hat es den Anschein, als ob die Wolkengebilde sich tief unten im Bereiche der Apostel befunden hätten. Grünewald muß aber wie so oft bei der endgültigen Fassung seinen Entwurf abgeändert haben; denn Sandrart spricht von unserem „Seligmacher auf dem Berge Thabor, da Ihme Moses und Elias in den Wolcken erschienen, im gleichen auch unten an dem Berge die in Furcht gantz verzuckte Apostel". Demnach müssen sich die Wolken in dem Luftbezirke über dem Berge befunden haben.

Der Vorwurf ist selten, obwohl das Fest der Verklärung Christi seit dem Siege des heiligen Franziskaners Johannes Capistran und des Georg Hunyadi bei Belgrad über die Türken am 6. August 1458 einen Aufschwung nahm. Die bekannte Darstellung bei Raffael, bei Dürer (Handzeichnung) und Holbein d. Ä. (Kopfstück des Waltherepitaphs) ist wesentlich anders geartet. Auch so rückt der Bildbeschrieb bei Sandrart und die Zeichnung Flötners in verwandtschaftliche Nähe.

Wie ist nun diese mögliche und wahrscheinliche Beziehung der Flötnerschen Zeichnung zu Grünewald zu begreifen? Es ist zweierlei denkbar: entweder hatte Flötner den Rahmen zur Verklärung Grünewalds zu entwerfen. Dem scheint aber das von Sandrart geschilderte Malverfahren, das wohl, wie wir früher gesehen haben, als Fresko aufzufassen ist, zu widersprechen; denn einem Fresko dürfte man kaum eine feste Umrahmung gegeben haben. Oder aber Flötner sah das eindrucksvolle Bild in Frankfurt an Ort und Stelle — nach einer Mitteilung Dr. Zülchs war Flötner 1518 in Frankfurt — und skizzierte es für einen andern uns unbekannten Grabmalauftrag. Leider sind die Lebensumstände Flötners reichlich in Dunkel gehüllt. Aber wir wissen, daß er am Ende seiner Wanderjahre nach Ansbach kommt. 1521 ist er dort nachweisbar. 1522 wandert er aus Ansbach in Nürnberg ein, leistet hier 1523 als Peter Flattner Snitzer seinen Bürgereid und stirbt 1546.[95]

Unsere Zeichnung befindet sich heute in der Erlanger Universitätsbibliothek, stammt aber aus der markgräflichen Sammlung der Ansbacher Schloßbibliothek. Es ist daher anzunehmen, daß das Blatt in der Ansbacher Zeit entstanden ist, vielleicht als Auftrag des Ansbacher Herrscherhauses. Daß spätere Beziehungen zum vorderen Maingebiet freilich möglich sind, beweist der Entwurf Flötners zum Dreieckbrunnen auf dem Markte zu Mainz aus dem Jahre 1526.

## Die Magdalenenklage in Donaueschingen

Nachbildung auf Leinwand, h. 156 cm, br. 76 cm. Datiert 1648, mit dem Wappen des Abtes Franz I. Chullot von St. Blasien.

Ursprünglicher rechter Außenflügel des Magdalenenaltars der Sakristei zu Isenheim. Urbild verschollen.[96]

In diesen jüngsten Tagen wird die Formbetrachtung bei Grünewald wieder und wieder von der Frage nach dem Gegenständlichen seiner Schöpfungen abgelöst. So will es das Gebot der Stunde, vielleicht auch verkapptes Genießertum, denn der Stimmungsgehalt wächst mit den Standpunkten der Beschauung. Man sollte das eine tun und das andere nicht lassen!

Diese Magdalenenklage ist der unwahrscheinliche Kopfstand eines schon durch seine Ungemeinheit verblüffenden Bildvorwurfs.

Der Gekreuzigte nicht von vorn gesehen, sondern in der scharfen Seitensicht des Scherenschnittes in die Bildfläche gestellt — die Massenverteilung unsymmetrisch zur Bildachse wie immer bei Grünewald — das Haupt durch die Fleischmasse des linken Oberarms für das Auge verdeckt und nur durch Spuren der Dornenkrone angedeutet. Der Brustkorb aufgetrieben, vom Lufthunger des Sterbenden gebläht, im Augenblick letzten krampfhaften Atemholens erstarrt, alle Muskeln in Todesstarre: Aerzte berechnen vor diesem Bilde die Stunden seit Erlöschen der Lebensflamme![96a] Der rechte Kreuzbalken von irgendeiner Kraft unbekannter Herkunft zurückgeschleudert und dadurch erst sichtbar. Magdalena kauernd, unfähig sich auf den Füßen zu halten, die Hände gekrampft, mit offenem Munde und federnder Zunge ihren Abschiedschmerz hinauftrillernd zu dem Vielgeliebten ihres Herzens. Das Figürliche steht gelblichbraun gegen dunklen Hintergrund. Also sogenannte Grisaille. Bewußter Verzicht auf Naturfarbe.[97] Mit allem Beiwerk ist rücksichtslos aufgeräumt. Nur rechts eine lehnende Leiter, in ihrem Linienfluß empfindsam durchknetet, weist auf die kommenden Dinge. Sie hat im Bildgefüge, als polarer Gegensatz zur Magdalena, eine wichtige Rolle.[98]

Wann ist je ein ähnliches Bild gemalt worden?

Es ist altklug zu sagen: Cranach hat in seiner Kreuzigung von 1503 diese unerhörte Auffassung eingeleitet, und Dürer hat kurz zuvor in seinem Kupferstich die schreiende Magdalena und den die Hände verwerfenden Johannes auf die Platte gestochen; überhaupt geht der Formgedanke letztlich auf Andrea Mantegna zurück.

Aber hier ist alles aus den Urgründen eines titanenhaften Empfindens geschöpft, vertieft, gesteigert, ins Riesenhafte umgesetzt.

Und wo findet sich diese sacra conversazione des Gekreuzigten und der Magdalena unter vier Augen?

Bei der starken Gebundenheit des mittelalterlichen Künstlers an das geistige Erbgut seiner Tage darf man freilich kein schlechthin Neues erwarten. Der Vorgang fließt wie so vieles aus dem geistlichen Schauspiel der Zeit. Im Donaueschinger Passionsspiel, seit 1485 durch drei Jahrhunderte im benachbarten Villingen über die Bretter gegangen, findet sich diese Stelle:

„Maria Magdalena kumpt an das crüz vallen und spricht cleglich:

O we not ob aller not
o we min liebster her ist tot
der mir so fründlich hat getan
und mir viel sünden abgelan

o Jesus aller liebster her
wer git mir rat wer git mir ler
verlassen bin ich ewanclich
o her das clag ich inneclich
nimm mich ouch von diesem Zit
wann all min Hoffnung in dir lit."

Die Quelle ist luzernisch-oberrheinisch.[99] Der Barfüßermönch Johannes Pauli, Verfasser von Schimpf und Ernst, dieser köstlichen Fundgrube spätmittelalterlicher Geistigkeit, hat die Vorlage wohl nach Villingen vertragen, wo er mehrere Jahre als Lektor verlebte.

Man weiß jetzt, daß das düstere Urbild unseres Vorwurfs in der Antoniterklosterkirche in Isenheim hing und als rechter Außenflügel den Altar der Büßerin Magdalena deckte, vor dem der Präzeptor Guido Guersi 1516 sich zur letzten Ruhe legte.

Dem Abt des Habsburger Hausklosters St. Blasien Franz Chullot, der nebenan in Ensisheim zu Hause war, hatte das starke Bild — und wohl auch die andern von Grünewalds Hand — in seinen jungen Jahren an die Seele gegriffen, und er ließ es, um mit erschwinglichen Mitteln seine Kunstkammer berühmter Meister zu mehren, im Jahre 1648 von seinem Leibmaler Christoph Krafft kopieren und setzte sein selbstgefühltes Wappen oben rechts in die Ecke. Die Wappenschleife findet sich genau so auf der Darstellung im Tempel aus der Folge des Lebens Jesu, jetzt im Stift St. Paul in Kärnten. Diese Folge ist urkundlich von Christoph Krafft gemalt. Damit bestätigt sich nicht nur die Urheberschaft dieses Malers an unserer Nachbildung. Sondern, da die Bilder in St. Paul äußerst schwach sind, ist einwandfrei erweisbar, daß Krafft bei unserm Bilde nicht aus dem Eigenen geschöpft, wohl aber die verlorene Grünewaldvorlage wörtlich festgehalten hat.

Es war nicht die einzige Kopie, die uns ein verschollenes Urbild bewahrt. Sein Vorgänger, der Abt Martin Meister, bestellt i. J. 1600 bei Hans Bock d. Ä. in Basel zwei Kopien nach Hans Holbein d. J. (heute gleichfalls in der Fürstlichen Galerie zu Donaueschingen), die unsere Vorstellung von dem führenden Renaissancemaler am Oberrhein, da auch hier die Urbilder verloren sind, um zwei weitere Werke bereichern.[100]

Als für die Mönche von St. Blasien vor 125 Jahren die Stunde der Zerstreuung schlug, löste der Konventuale Pius Grambühler — Ehre dem klugen Manne — das Bild, das ihn bei seinen einsamen Lustgängen durch den Konventgang des Klosters merkwürdig angesprochen hatte, aus dem Rahmen, verstaute es in seinem Koffer und verschleppte das ihm teure Andenken als Bestandteil seines kärglichen Hausrates nach seiner abwegigen Waldpfarrei Oberwolfach. Nach seinem Abscheiden mag das über 5 Schuh hohe Bild, für das übliche Ausmaß eines Wohngemaches zu groß, an die Fürstliche Schloßkapelle zu Wolfach (Wallfahrtskirchlein zur schmerzhaften Mutter) gediehen sein, um hundert Jahre zu träumen, bis die Hochflut der Grünewaldbegeisterung auch dieses Bruchstück in den Strudel der Forschung riß, just in der Stunde, als der Isenheimer Altar uns — durch Machtspruch, nicht aus innerer Entscheidung — verlorenging.

## Die Mainzer Dombilder

Sandrart berichtet uns in seiner bekannten Teutschen Akademie: „Ferner waren von dieser edlen Hand zu Maynz in dem Domm auf der linken Seiten des Cors / in drey unterschiedlichen Capellen / drey Altar-Blätter, jedes mit zweyen Flügeln in- und auswendig gemahlt / gewesen / deren erstes war unsere liebe Frau mit dem Christkindlein in der Wolke / unten zur Erden warten viele Heiligen in sonderbarer Zierlichkeit auf / als S. Catharina / S. Barbara / Caecilia / Elisabetha / Apollonia / und Ursula / alle dermaßen adelich / natürlich / holdselig und correct gezeichnet / auch so wol colorirt / daß sie mehr im Himmel / als auf Erden su seyn scheinen. Auf ein anderes Blat war gebildet ein blinder Einsidler / der mit seinem Leitbuben / über den zugefrorenen Rheinstrom gehend / auf dem Eiß von zween Mördern überfallen / und zu todt geschlagen wird / und auf seinem schreyenden Knaben ligt / von Affecten und Ausbildung mit verwunderlich natürlichen wahren Gedanken gleichsam überhäuft anzusehen; das dritte Blat war etwas imperfecter / als vorige zwey / und sind sie zusammen Anno 1631 oder 32 in damaligem wilden Kriege weggenommen / und in einem Schiff nach Schweden versandt worden / aber neben vielen andern dergleichen Kunststücken durch Schiffbruch in dem Meer zu Grund gegangen."

Für die *zeitliche Ansetzung* der Bilder um das Jahr 1520 spricht, wie wir schon ausgeführt haben, die Nachbildung Uffenbachs nach dem heiligen Einsiedler, die nach einem Berichte Sulpice Boisserées[101] aus dem Anfang des neunzehnten Jahrhunderts diese Jahreszahl trug.

Die Darstellung der *heiligen Jungfrau in den Wolken und der weiblichen Heiligen auf Erden* war vielleicht durch *Cranach* vermittelt. Himmlische Erscheinungen mit Adoranten zur Erde finden sich häufig (und im Bereich der deutschen Malerei fast ausschließlich) im Cranachkreis. Vergl. Cranachs Wappen Christi (Herz Jesu) von 1505, den Gnadenstuhl im Museum zu Leipzig und die Miniaturen im Gebetbuch Friedrichs des Weisen in der Donaueschinger Hofbibliothek (Handschr. Nr. 455). Uebrigens zeigt auch der weiche Faltenstil beider Meister enge Verwandtschaft, und es ist jedenfalls bezeichnend, daß Frühwerke Cranachs lange Zeit als solche Grünewalds gingen. Man vergl. auch Cranachs Magdalena in der Landschaft (Sammlung Vincent Mayer) mit der Madonna des Isenheimer Altars!

Die weiblichen Heiligen geben weder durchsichtige Beziehungen zu Heiligen der Mainzer Domaltäre, noch zu den Namensheiligen der Familie Hohenzollern-Brandenburg; denn es darf doch wohl ein Auftrag des Kardinals von Mainz vorausgesetzt werden. Freilich ist Sandrart in der Bestimmung dargestellter Heiligen nicht immer zuverlässig (siehe oben die heiligen Diakone in Frankfurt!).

Inzwischen sind unter den Savignyschen Grünewaldzeichnungen eine Madonna mit Kind auf einem Sonnenball schwebend und zwei oder drei weibliche Heilige (Dorothea, Katharina) gefunden worden, die als Vorzeichnungen zu diesem Altar betrachtet werden müssen und uns eine gewisse Vorstellung wenigstens einer Anzahl wichtiger Bildteile verstatten. Es war die reiche Mache stark gebauschter und plissierter Gewänder, durch die der Maler — die Farbigkeit muß gleichfalls überaus stark gewesen sein — versuchte, dem Beschauer einen Vorgeschmack himmlischer Herrlichkeit zu geben. Alles in allem eine seltene Hochwertigkeit, verbunden mit einem Liebreiz, der Sandrart zu seinem entzückten Beschrieb veranlaßte.

Der blinde Einsiedler hat zu einem wilden Rätselraten geführt. An Lambertus, Bischof von Lüttich, hat H. A. Schmid gedacht, an Magnus oder Bonifatius Kautzsch und Neeb, und Firmenich-Richartz spricht von Petrus Martyr. Aber alle diese Benennungen wollen nicht befriedigen, weil sie zur Legende nicht stimmen. Nun hat Rudolf Günther[102] in der richtigen Einsicht, daß der Dargestellte unter den Mainzer Ortsheiligen zu suchen ist, zwei alte Albanuslegenden ausgegraben, die eine im Ehebüchlein des Albrecht von Eyb, das in den Jahren 1472 bis 1540 nicht weniger als zwölfmal aufgelegt wurde, und die andere im Catalogus Sanctorum von Pietro de Natali, gedruckt zu Vicenza 1493. Beide erzählen übereinstimmend von unserem Heiligen: „Er ward als Einsiedler und Pilger im Wald bei der Stadt Mainz von heidnischen Räubern aufgefunden, und da er sich als Christ bekannte, erwürgt. Sein Leichnam wurde in den Fluß geworfen. Der Fluß trug ihn bis zu einer Mühle. Als die aussätzige Tochter eines Ritters sich im Flusse badete, wurde sie plötzlich vom Aussatz rein. Als sie das voll Verwunderung in der Stadt berichtete, kamen viele Aussätzige und wurden, sobald sie sich in den Fluß tauchten, rein. Und während man sich allgemein wunderte, woher das Wasser solche Kraft habe, und es durchsuchte, fand man den Leib des Märtyrers und trug ihn unter Danksagungen gegen Gott ehrenvoll zur Stadt und bereitete ihm am 1. Dezember eine würdige Grabstätte, in der er noch immer im Strahlenglanz der Wunder ruht.“

Der heilige Alban von Mainz ist sonst ikonographisch der Doppelgänger des heiligen Dionysius. Beide erscheinen als Bischöfe, das abgeschlagene Haupt in den Händen. Während Dionysius monastischen, näherhin benediktinischen Einfluß verrät, folgt die Verehrung des heiligen Alban im Süden der Rheinlinie von Mainz aufwärts bis ins Allgäu, und es muß auf dieser Strecke bei der mehrdeutigen Darstellung des Bischofs mit dem abgeschlagenen Haupt immer in erster Linie auf

Alban erkannt werden.[103] Auch Basel hatte übrigens unten am Rhein sein Albanstift. In Mainz bestand seine Verehrung seit dem Jahre 758. Er besaß dort sein Stift in der Stadt und im Dom mit St. Viktor zusammen einen Altar zur Linken.[104] Da jedoch dieser Altar 1622 neu erstellt wurde, ist es unwahrscheinlich, daß er das Altarbild Grüne= walds trug. Denn dieses muß ja, wenn wir Sandrart glauben dürfen, bis zum Schwedeneinfall an Ort und Stelle geblieben sein. Der Magnus= altar wurde schon 1615 neu errichtet.

Auch über den Aufstellungsort der beiden andern Altar= bilder von der Hand Grünewalds läßt sich heute schwerlich mehr etwas Genaues sagen. Möglich, daß die Tafel mit der Madonna und den vielen Heiligen in der Marienkapelle des Domes stand. Sandrarts An= gabe wäre dann so zu verstehen: Zur Linken vom hohen Chor, d. h. vom Westchor, also auf der Nordseite des Langhauses. Albrecht von Brandenburg kommt sehr wohl als Stifter der Bilder in Frage, denn in seinem Testament von 1540, das im Kreisarchiv zu Würzburg verwahrt wird, sagt er, daß er „auch unser ertzbischoffliche Dhumkirchen zu Meintz zu zieren allzeit begirig gewesen und noch."[104a]

## Der heilige Johannes in Rom

Sandrart erzählt uns: „Gleichfals ist zu meiner Zeit in Rom ein hei= liger Johannes mit zusammengeschlagenen Händen / das Angesicht über sich / ob er Christum am Creutz anschaute / gewesen / überaus andächtig und beweglich / in Lebens=Größe / mit herrlicher gratia, so aestimirt / und auch hoch für Albert Dürers Arbeit geschätzt worden; da ich aber / von wem es wäre / erkandt / und den Unterschied der Manier gezeigt / habe ich gleich hintenher mit Oelfarbe (womit ich eben damals des Papstes Contrafät machte) dessen Namen also setzen müssen: Matthaeus Grünwald Alemann fecit."

Sandrart kam 1629 nach Rom. Mit dem Papst ist Urban VIII. aus dem Hause Barberini gemeint, den Sandrart darstellte, wie er in Castel Gandolfo mit Gefolge, von seinen Schweizern begleitet, zum Albaner= see hinabsteigt, um dort dem Fischfang zuzusehen. Sandrart hat sich nachweisbar in Castel Gandolfo aufgehalten, und hier ist auch das

Bildnis des Papstes entstanden. Dieser Landsitz war der Lieblingsaufenthalt Urbans VIII., der 1626 die bekannte Villa gekauft hatte und sie durch Carlo Maderno zum Palaste ausgestalten ließ. Der Umbau war 1629 vollendet.[105] Der Papst führte schon als Kardinal ein großes Haus. Seine Wohnung war mit Teppichen, ausgezeichneten Gemälden und antiken Standbildern geschmückt. Da der Vermerk auf der Rückseite des Grünewaldbildes mit derselben Malerfarbe geschah, mit der Sandrart eben das Bildnis des Papstes malte, so muß, wenn nicht Sandrart den Kirchenfürsten wiederholt malte, Castel Gandolfo als Standort des verschollenen Gemäldes angenommen werden. Wo das Bild ursprünglich sich befand, läßt sich nur mit schwachen Gründen vermuten. Wir haben schon früher auf die Titelkirchen des Kardinals Albrecht von Brandenburg, S. Chrysogono und (vom 5. Januar 1521 an) S. Pietro in Vincoli, hingewiesen.[106] Urban VIII. selbst hatte jedoch S. Pietro in Montorio als Titelkirche. Bei dem Einfluß und den großen Geldmitteln Urbans ist aber ein Erwerb des Stückes durch den kunstliebenden Papst, der in dem Bilde einen Dürer sah, aus einer ihm nicht zustehenden Kirche durchaus denkbar.

Albrecht mag auf einer Reise ad Limina (von der freilich nichts bekannt ist) seine Titelkirche sich angesehen und die Stiftung einer gemalten Kreuzigungsgruppe — der Johannes ist sichtlich Begleitfigur einer solchen gewesen — beschlossen haben. Ob er damals Grünewald bei sich hatte? Aus Stilgründen ergibt sich, wie gesagt, keine zwingende Notwendigkeit zu dieser Annahme.

Den verschollenen Johannes wird man sich nach der Schilderung in der Art des Karlsruhers zu denken haben. Er gehört der Gruppe der stark übersteigerten Kreuzigungen des Meisters an. Er wird daher in die Nähe des Karlsruher Bildes (nach 1520) zu setzen sein.

# Die Handzeichnungen

Unser Besitz an Grünewaldzeichnungen war lange Zeit gleichbleibend, bis Funde in Lützschena, Stockholm und Weimar unsere Vorstellung von der Graphik des Meisters in glücklicher Weise bereicherten. Einen wesentlichen Zuwachs brachte vor wenigen Jahren die Entdeckung zweier Klebebände mit Zeichnungen Grünewalds im Besitze der Familie von Savigny.[107]

Wir haben hier wohl einen großen Teil der Blätter vor uns, die der Maler Uffenbach, der Enkelschüler Grünewalds, nach der Versicherung Sandrarts als wertvollen Besitz hegte. Denn F. C. von Savigny, der bekannte Rechtslehrer, stammte aus Frankfurt a. M. (geb. 1779) und war der Schwager von Klemens Brentano und der Bettina, die gleichfalls dem Frankfurter Patriziat angehörten.

Zur Stunde kennen wir dreiunddreißig Grünewaldzeichnungen, alle mit schwarzer Kreide auf das Papier geworfen. Alle von vergleichsweise reifem Gehaben. Alle merkwürdig unbeschwert vom Zwange der Umrißlinie und vom Gewichte des Kubus. Entweder hat der Meister seine früheren Skizzen verleugnet und vernichtet, oder er ist mit den Jahren bedenklicher geworden und traute sich nicht ohne Vorzeichnung, ohne ein vorläufiges Abtasten seiner Formvorstellung zu Werke zu gehen.

Die Zeichnung einer Frau mit gefalteten Händen in Oxford trägt rechts oben neben dem Kopfe der Frau von einer alten Hand des sechzehnten Jahrhunderts den Vermerk: „Disses hatt Mathis von Ossenburg des Churfürsten v. Mentz Moler gemacht und wo du Mathis geSchriben findest das hat Er Mit Eigner Handt gemacht.“ Links neben dem Halse der Frau steht tatsächlich von derselben Hand die Bezeichnung [M]athis. Ein späterer Besitzer hat diese Bezeichnung fälschlich Matsia (von ihm darüber geschrieben) gelesen, da er das deutsche h für ein lateinisches s ansah und das s am Schlusse verzeihlicherweise für a las.

Da indes kein weiteres der heute bekannten Blätter Grünewalds diesen

Vermerk trägt, so muß eine ganze Anzahl seiner Studienblätter verloren oder verschollen sein.

Der Wert der Zeichnungen liegt gerade bei Grünewald darin:

daß sie das innerste Wesen des Meisters aussprechen;
daß sie also vielfach eine andere Sprache reden als die Gemälde;
daß sie Verschollenes, Verlorenes ersetzen.

Die aus der Frische unmittelbarer Erfindung geschöpfte Zeichnung gibt an sich schon das Triebhafte, Erstempfundene des Formgedankens. Die Zeichnungen Grünewalds sind vollends einmalige Werte, ja einzigartig, weil sie uns das innere Auge des Meisters in vollendeter Treue spiegeln, viel mehr als seine auf Allgemeingültigkeit abgestimmten Gemälde. „Sie sind von geheimer, privater, persönlicher Art wie ein Tagebuch" (M. Friedländer). Hier ist der Meister allein mit sich selbst, und das innerlich Geschaute wird greifbar. Manches ist „schattenhaft und traumartig" gesehen. Oft ist die Außengrenze vernachlässigt, d. h. als Teil des umgebenden Luft- und Lichtraumes gesehen, aller Nachdruck auf die Binnenform gelegt. Immer ist die Handschrift tonig, malerisch, oft durch höhendes Weiß, einmal versuchsweise mit Tusche oder Tinte gesteigert. Auffällt seine Lust an der Behandlung plissierter Stoffe, die zweifellos nicht nur gesehen sind, sondern durch ihre kostbare Aufmachung eine sinnbildliche Aufgabe erfüllen als Ausdruck jenseitigen Reichtums und überirdischer Herrlichkeit. Zugleich bahnt sich hier ein gerader Weg ins Barocke unter Ausschluß der Renaissance.

Es ist wichtig, sich klarzumachen, wie die Zeichnungen Grünewalds zu den Gemälden stehen. Ganz anders als bei Dürer. Bildaufbau, Farbe und Lichtführung erweisen sich bei Grünewald in hohem Maße als formende Kräfte, so daß die Vorzeichnungen fremd neben ihren eigenen Gemälden stehen. Sie sind eine Welt für sich, allenfalls „Keime der Bilder" (M. Friedländer), nicht mehr.

Manche seiner Zeichnungen erschließen uns, wie sofort gezeigt werden wird, ein verlorenes oder verschollenes Gemälde, von dessen einstigem Dasein wir nur ein urkundliches Wissen haben.

Die zeitliche Folge der Zeichnungen ergibt sich in der Hauptsache aus ihren Beziehungen zu den zugehörigen Gemälden. Nicht ohne weiteres zeitlich bestimmbar bleiben das Blatt mit den drei Männerköpfen (sogen. teuflische Dreieinigkeit), der Tubabläser, der Kopf in Stockholm, die zwei Frauenköpfe und die zwei Puttoköpfe. Alle diese Blätter sind von durchaus reifer Mache und dürfen daher ohne Bedenken zu den letzten erhaltenen Arbeiten seines Stiftes gezählt werden. Dabei müssen unseres Erachtens wegen der Stilverbundenheit die drei Männerköpfe, die von Max Friedländer noch vor die Entwürfe zum Isenheimer Altar gesetzt werden, zeitlich dem Tubabläser und dem Stockholmer Männerkopf — man vergleiche die Form der Strichlagen und die Zickzacklinie des Umrisses — angeschlossen werden. Schmid gibt zu, daß ihre Entstehungszeit schwer zu bestimmen ist, und daß sie möglicherweise in die Reformationsjahre zu setzen sind.

Wir geben die Zeichnungen in der Reihenfolge ihrer vermutlichen Entstehung:

**Nr. 1—4. Studien zur Verklärung?**

Nr. 1. Gewandstudie für eine sitzende (nicht kniende) Figur. Vorzeichnung zu dem verlorenen Gemälde der Verklärung Christi in der Dominikanerkirche zu Frankfurt am Main. 130×180 mm. Sammlung Oppenheimer, London.

Nr. 2. Kniender Apostel (Jakobus der Aeltere). Studie für die Verklärung Christi in der Dominikanerkirche zu Frankfurt a. M. Weiß gehöht. 146×208 mm. Dresden, Kupferstichkabinett.

Nr. 3. Kniender Apostel (Petrus). Studie für die Verklärung Christi in der Dominikanerkirche zu Frankfurt a. M. Weiß gehöht. 148×243 mm. Dresden, Kupferstichkabinett.

Nr. 4. Sog. eifernder Pharisäer. Weiß gehöht. Ausgeschnitten. Größte Höhe und Breite 234×165 mm. Berlin, Kupferstichkabinett.

Dieses Blatt ist schon durch seinen etwas schwülstigen Faltenwurf den drei vorgenannten verbunden. Dieser lebhaft nach einem erhöhten Ziel gestikulierende kniende Mann ist vielleicht ein unberufener Zuschauer der Verklärung, der durch eine biblisch nicht begründete Erweiterung des Vorganges, ähnlich wie bei der bekannten Darstellung Raffaels, von Grünewald hinzugenommen wurde.

**Nr. 5—15. Studien zum Isenheimer Altar.** Um 1513—1515

Nr. 5. Christus am Kreuz. Kohle, Weiß gehöht und getuscht. 531×320 mm. Karlsruhe, Kunsthalle.

Rückt auf der bekannten Entwicklungslinie der Grünewaldschen Passionsgedanken in die Nähe der Isenheimer Kreuzigung, ist aber streng genommen keine Vorzeichnung zu ihr. Der Zug des Querbalkens und die Schürzung des Lendentuches sind einigermaßen ähnlich, aber der Körper ist anders gegliedert und vor allem das Haupt gänzlich abweichend gestaltet.

Nr. 6. Halbfigur einer aufblickenden Frau mit gefalteten Händen. 384×283 mm. Lützschena, Sammlung Frhr. Speck von Sternburg.

Nr. 7. Halbfigur einer Frau mit gefalteten Händen. Rückseite der vorigen Zeichnung.

Nr. 8. Halbfigur einer Frau mit gefalteten Händen. Weiß gehöht. 403×297 mm. Winterthur, Sammlung Oskar Reinhart.

Die an auffallender Stelle in die Mitte gesetzte Magdalena in Isenheim hat begreiflicherweise den Meister vor der Ausführung mehrfach beschäftigt. Doch hat selbst diese hervorragende Halbfigur der Frau mit den gefalteten Händen bei Oskar Reinhart, wie man zugeben wird, nur entfernte Beziehung zur endgültigen Fassung.

Nr. 9. Studie zum heiligen Antonius vom Isenheimer Altar. Erste Fassung. Weiß gehöht. 279×195 mm. Göttingen, Sammlung Ehlers.

Nr. 10. Studie zum heiligen Antonius vom Isenheimer Altar. Zweite Fassung. Weiß gehöht. 253×186 mm. Dresden, Kupferstichkabinett.

Von diesen beiden Blättern ist die Nr. 10 offenbar die spätere für Isenheim übernommene Fassung. Zuerst (Nr. 9) hatte der Meister den heiligen Einsiedler aufschauend gezeichnet, mit dem Blick nach dem Raben, der als Erweis göttlicher Güte das Doppelbrot brachte — militibus suis Christus duplicavit annonam, wie es treuherzig in der Legende heißt. In dieser Haltung wurde aber dann der heilige Paulus gegeben, und Antonius blickt in der endgültigen Fassung nach seinem Partner hinüber. Man sieht, zumal in der Zeichnung Nr. 10, ein Bildnis des Bestellers, des Präzeptors Guido Guersi. Die Modellnähe des Ge=

sichtes und das Lilienwappen Guersis gleich unterhalb auf dem Steinsitz stützen diese Auffassung. Ob aber die straffen und entschlossenen Züge des Männerkopfes (Nr. 13) — ist es wirklich ein Greis? — demselben Träger eignen, muß füglich bezweifelt werden.

Nr. 11. Studie zu den Unterarmen des heiligen Sebastian vom Isenheimer Altar. Rückseite von Nr. 10.

Nr. 12. Studie zum Oberkörper des heiligen Sebastian vom Isenheimer Altar. Rückseite von Nr. 9.

Nr. 13. Kopf eines Greises von der Seite. Vielleicht das Bildnis Guido Guersis, Stifters der Isenheimer Altargemälde. Weiß gehöht. 341×253 mm. Weimar, Schloßmuseum.

Nr. 14. Kniende Madonna. Studie zur Verkündigung vom Isenheimer Altar. Erste Fassung. 160×146 mm. Berlin, Kupferstichkabinett.

Nr. 15. Kniende Madonna. Studie zur selben Verkündigung. Zweite Fassung. 207×210 mm. Berlin, Kupferstichkabinett.

Von diesen beiden Marien einer Verkündigung ist Nr. 15 mit der angstvoll zurückweichenden Haltung in Isenheim übernommen. Die andere mädchenhafte in reich gefältelter Kleidung (Nr. 14) mit der abwehrenden Haltung der rechten Hand mag aber doch auch für Isenheim gedacht gewesen sein; denn plissierte Stoffe in ähnlicher Lagerung finden sich auch schon hier (siehe die Magdalena!), und verwandte Züge mit der Madonna des Engelkonzertes, man vergleiche die Gesichtsbildung, die auffallend kurze Büste und die Armgeste, drängen sich auf. Grünewald ließ in der zweiten Fassung (Nr. 15) die Gesamtfigur von der Abwehrhaltung erfaßt werden und schuf so jene große Schräge, die den Linienfluß der Verkündigung in Isenheim wesenhaft mitbestimmt.

**Nr. 16—20. Nach 1515**

Nr. 16. Studie zum Madonnenbilde in Stuppach, ehemals in Aschaffenburg. Auf dem Gewande ein Brokatmuster in Braun. 314×278 mm. Berlin, Kupferstichkabinett.

Nr. 17. Krönender Christus mit zwei Engeln. Studie zu einer Krönung der Maria. Weiß gehöht. 286×366 mm. Berlin, Kupferstichkabinett.

Nr. 18. Maria mit dem Jesusknaben und Johannes (?). Rückseite der vorigen Zeichnung.

Nr. 19. Stehender heiliger Josef. Weiß gehöht. 368×296 mm. Wien, Albertina.

Nr. 20. Skizze eines stehenden heiligen Petrus. Weiß gehöht. Rückseite der vorigen Zeichnung.

Diese fünf Zeichnungen bilden eine Gruppe. Zunächst ist der Kopf der Madonna (Nr. 18) im Neigungswinkel, im eiförmigen Schnitt und der Ausdrucksform des Gesichtes der Madonna mit dem Kinde auf dem Mittelbilde des Isenheimer Altars aufs engste verwandt, sehr ähnlich ist auch der kleine Johannes dem fetten Engel über dem heiligen Sebastian in Isenheim. Diese Zeichnung (Nr. 18) ist aber als Rückseite dem knienden Christus einer Marienkrönung (Nr. 17) zeitlich offenbar nahe gerückt. Nr. 19, stehender Heiliger in einer Landschaft, zweifelsohne ein heiliger Josef als Bestandteil einer Flucht nach Aegypten (er trägt Schwert und Stab), zeigt dieselbe Stilstufe wie Nr. 17, und Nr. 20, stehender heiliger Petrus mit dem Schlüssel, ist als Rückseite irgendwie der Nr. 19 zeitlich zugehörig. Bei den Begleitfiguren der Madonna und beim heiligen Petrus zeigt sich die an Barbari gemahnende gelockerte und verschwommene Formgebung, die sich bei den Propheten und Hirten des Isenheimer Menschwerdungsbildes findet, und der rechte Aermel des heiligen Josef erinnert in seiner Gestaltung an den des Engels mit der Bratsche auf dem Engelkonzert. Also Nähe des Isenheimer Altares. Nr. 17 vielleicht Entwurf zur gloriosissima virgo in Oberissigheim, Stiftung des Kanonikus Heinrich Reitzmann laut Testament von 1514. Die gewandhaltenden Engel lassen doch unbedingt auf einen krönenden Christus schließen, nicht auf einen knienden König. Freilich sind die das Bild durchwachsenden Baumstämme, ein merkwürdiger Einfall Grünewalds, fehl am Platze. Grünewald unterliegt deutlich auf einer Spanne seiner Entwicklung einem starken Naturgefühl. Nicht nur, daß die Lilien und Rosen aus dem Bilde von Stuppach oder dem Menschwerdungsbilde des Isenheimer Altares herausduften und die besinnliche Hindin der beiden Einsiedler an das „Schweigen im Walde“ gemahnt (man vergleiche auch die synthetischen Landschaften dieser Stilstufe). Es muß doch auffallen, daß Pflanzenformen oft ohne dringlichen Anlaß plötzlich sicht= bar werden, ja geradezu aus dem Faltengewand seiner Figuren heraus= wachsen. Das Eigenwillige und Spielerische, wenn nicht Vernunftwidrige, wird hier stark greifbar. So wenn der krönende Christus mit seinen Engeln in niederes Gehölz eingezwängt erscheint. Die Nr. 16, 17, 19 und begleitweise 18 und 20 sind durch diesen eigenartigen Einfall zusammen= gehalten und erscheinen hier nicht nur zeitverbunden, sondern auch als innere Einheit. Sie sind wohl angeregt durch die bekannten Auf= träge des Kanonikus Reitzmann für Aschaffenburg und Oberissigheim.

**Nr. 21—24. Studien zum Mainzer Dombild. 1520**

Nr. 21. Madonna auf Wolken. Leicht getuscht und gelb ge= höht. 323×268 mm. Harlem, Sammlung F. Koenigs.

Nr. 22. Die heilige Dorothea. Getuscht und weiß gehöht. 358×256 mm. Berlin, Kupferstichkabinett.

Nr. 23. Die heilige Katharina. Weiß gehöht. 316×215 mm. Ber= lin, Kupferstichkabinett.

Nr. 24. Unvollendete Studie einer Frau mit einer Blume (hei= lige Dorothea?). Weiß gehöht. Rückseite der vorigen Zeichnung.

Alles wohl Vorarbeiten zu dem verlorenen Mainzer Dombild, Madonna mit dem Christkindlein in der Wolke und weiblichen Hei= ligen auf Erden. Schon der alte Vermerk „menz“ in der oberen rechten Ecke gibt einen unverdächtigen Hinweis. Die Madonna, über einem gelbgetönten Sonnenball schwebend, ist stark auf Bewegung gearbeitet und bei der mächtig ausschwingenden Behandlung der Gewandzipfel etwas zerrissen und sperrig in der Wirkung. Das Liniengerüst dieser Madonna ist übrigens, wie man sich überzeugen möge, äußerst ver= wandt dem des Papstes auf dem Freiburger Schneewunder, wie schon Mela Escherich beobachtet hat. Die starke Neigung nach der Seite, ohne daß eine Tragfläche sichtbar wird, gibt der Figur etwas Schwan= kendes. Gefällt sich der Meister schon bei der heiligen Katharina in stark gebauschten und wulstigen Stoffen, so verliert sich das Körper= gerüst der heiligen Dorothea restlos im wilden Liniengemisch des un=

gemein reich plissierten und gesteiften Ober- und Untergewandes. Die Figur mit Blume, die sich durch das Fehlen des Heiligenscheines unterscheidet, ist möglicherweise ein weltlicher Vorwurf aus derselben Stilstufe des Meisters.

### Nr. 25 und 26. Studien zur Karlsruher Kreuzigung. Nach 1520

Nr. 25. Halbfigur einer Frau mit gefalteten Händen. 380×240 mm. Oxford, University College.

Nr. 26. Modellstudie eines aufblickenden Mannes mit gefalteten Händen. Studie für den Johannes der Karlsruher Kreuzigung. 434×320 mm. Berlin, Kupferstichkabinett.

Die Modellnähe der beiden Blätter, zumal des jungen Mannes, springt in die Augen. Ein Beweis, was der Meister konnte, selbst wenn er mit photographischer Treue verfuhr. Ob die Frau nicht als Studie zur Maria der Kreuzigung in Karlsruhe gedacht war? Gesicht und Spiel der Hände sind nicht sehr verschieden, und der aufblickende Mann hat gewiß im heiligen Johannes sein fertiges Ebenbild.

### Nr. 27—30. Späte Arbeiten

Nr. 27. Bildniskopf einer Frau. 276×196 mm. Berlin, Kupferstichkabinett.

Nr. 28. Kopf eines weinenden Engels. Rückseite der vorigen Zeichnung.

Nr. 29. Kopf eines schreienden Engels. Weiß gehöht. 244×200 mm. Berlin, Kupferstichkabinett.

Nr. 30. Kopf einer lächelnden Frau. 201×147 mm. Paris, Louvre.

Das Frauenbildnis Nr. 27 galt lange als männlichen Geschlechtes. Unbegreiflicherweise. Denn das Haarband, die Haartracht, die Gesichtszüge und das Zierliche und Unmännliche des Halsausschnittes sprechen doch zu deutlich. Es ist flächiger gehalten als die stark auf Licht und Schatten modellierten drei andern Köpfe, gehört aber doch mit diesen zu einer Stilgruppe zusammen, wie schon die Rückseite (Nr. 28) nahelegt. In diesem Kopf eines sogenannten weinenden Engels erzielt der Meister durch das krampfhafte Verschieben und Verzerren ganzer Gesichtsteile große Ausdrucksmöglichkeiten, die bei dem Kopfe des sogenannten schreienden Engels (müssen dies wirklich Engel sein?), der in starker Verkürzung gegeben ist, ihr Gegenstück finden. Man beobachtet fast durchweg bei Grünewalds Köpfen diese gewollten Verzeichnungen und wird sich so des weltweiten Unterschieds zu der wohlgegliederten Körperlichkeit des reifen Dürer bewußt.

## Nr. 31—33. Späteste Arbeiten

Nr. 31. Drei Männerköpfe. Philosophia triplex (sogenannte teuflische Dreieinigkeit). 272×199 mm. Berlin, Kupferstichkabinett.

Nr. 32. Nackter Tubabläser. 271×195 mm. Harlem, Sammlung F. Koenigs.

Nr. 33. Kopf eines bartlosen älteren Mannes. 255×190 mm. Stockholm, Museum.

Ueber die formale Verbundenheit dieser drei Blätter haben wir schon oben im allgemeinen Teil gesprochen.

Ist es Zufall, daß diese letzten sieben Zeichnungen weltliche Bildgedanken behandeln und beziehungslos zur religiösen Stoffwelt des Meisters stehen? Spiegelt sich hier die vermutliche Wandlung in den kirchlichen Anschauungen des Malers? Die geistige Wende jener Tage? Die Abkehr vom religiösen Stoffkreis und die Ichbetontheit und Erdgebundenheit der neuen Lebensform?

Daß die Deutung der drei Köpfe auf teuflische Dreieinigkeit oder auf die drei Grundlaster des Menschen (Münzel) unwahrscheinlich ist, haben wir schon früher, als wir vom Bildgehalt bei Grünewald sprachen, auseinandergesetzt. Die Benennung wird richtiger lauten: Philosophia triplex (rationalis, naturalis, moralis). Oder Dialektik, Philosophie, Theologie. Oder die drei Stufen des seelischen Aufstiegs, die drei Adeptengrade (studiosus, melancholicus, senex).

Der Kopf des Schergen im Louvre ist mit Recht schon von Buchheit aus der Reihe der Arbeiten des Meisters gestrichen worden. Seine zeichnerische Haltung ist in der Tat, bei aller Gerissenheit, wie schon H. A. Schmid erkannt hat, kleinlich, übertrieben genau und dem Wesen Grünewalds nicht gemäß.

# Anmerkungen

Weitaus an der Spitze des gesamten Schrifttums über Grünewald steht das urkundlich belegte, zugleich umfassendste und für alle Zeiten grundlegende Werk des hochverdienten Forschers, Univ.-Professor Dr. H. A. Schmid in Basel, dem der Verfasser zu besonderem Danke verbunden ist:
Schmid, H. A., die Gemälde und Zeichnungen von M. Grünewald. Textband und Tafelband, Straßburg 1911.

1. Mitt. aus dem F. F. Archive, II. Band, Tübingen 1902, Nr. 964. Der Maler, der hier gefragt werden soll, ist ohne Zweifel Bartel Bruyn „Contrafeder aus Köln, ehedem in Diensten des Kardinals von Lothringen", der u. a. auf Schloß Heiligenberg malt und für den sich Graf Friedrich zu Fürstenberg einsetzt, als er wegen Raufhandels von der Stadt Freiburg gerichtlich verfolgt wird. Aus den Freiburger Ratsprotokollen und Missivbüchern ergibt sich, daß dieser Bruyn Beziehungen zur vorderösterreichischen Regierung in Ensisheim bei Isenheim und zum Amtmann von Erstein im Elsaß hatte. (Letztere Mitteilung verdanken wir Herrn Stadtarchivar Dr. Hefele).
2. Ueber den bedeutenden Mann siehe Mayer H., die Matrikel der Universität Freiburg, S. 538. — Gfrörer Fr., Franz Bär, Weihbischof von Basel c. 1550—1611. Ztschr. f. Gesch. d. Oberrheins, 1903, S. 86—103.
3. Zülch, W. K. Repertorium f. Kunstwiss. 1917 und 1922 — Cicerone 1924 — Kunstwanderer 1924. — Jahrb. d. Oefftl. Kunstsammlung Basel, 1928.
Rolfs, Die Grünewaldlegende. Kritische Beiträge zur Grünewaldforschung. Leipzig, 1922. Der Verfasser zieht aus dem von Zülch geschöpften Untersuchungsstoff die richtige Folgerung, daß der Maler niemals Grünewald hieß, sondern mit Mathias Nithart oder Gothart von Würzburg gleichzusetzen ist, der 1528 vor dem 1. Sept. im Dienste der Stadt Halle a. S. stirbt. Dagegen ist der stilvergleichende zweite Teil des Buches, der Grünewald mit dem Ulmer Holzschnitt und der Ulmer Glasmalerschule des Hans Wild in Verbindung bringt und die Ulmer und Würzburger Familien Nithart zusammenwirft, unbedingt abzulehnen.

3a. Wichtig ist auch die Aeußerung des Weltreisenden B. de Mauconys aus dem Jahre 1665: „Bien plus estimé infiniment qu'Albert Dure, mais peu connu en France."

4. Friedländer, Max, Die Grünewaldzeichnungen der Sammlung von Savigny, 1926.

4a. Siehe über die ganze Frage Hausenberg, Marg., M. Grünewald im Wandel der deutschen Kunstanschauung, 1927. — Neundörfer, L., Der Stand der Grünewaldforschung. Hochland 1928/29.

4b. Die Veranlassung zu diesem Auftrag war der Ritter Florian Waldauf von Waldenstein zu Rettenberg, kl. Rat und Statthalter der österreichischen Schatzkammer zu Innsbruck „ein warer liebhaber der hl. Birgitten und günstiger fürdrer des hl. ordens unsers Salvators und aller schwestern und prüder desselben ordens", der die zweite (deutsche) Ausgabe von 1502 auf seine eigenen Kosten drucken ließ. S. „erste vorred" zur Ausgabe von Koberger, 1502 (Panzer I 256). Das Buch wurde in Nürnberg das Ereignis des Tages, der neuartige Inhalt mit Begierde aufgegriffen.

5. Schon 1481 erschienen bei Zeninger in Nürnberg die zeit- und endgeschichtlichen Prophezeiungen des 4. Buches der Offenbarungen gesondert unter dem Titel: Onus mundi. S. Muther, die deutsche Bücherillustration Nr. 431, ferner Hain Nr. 12 013. — Diese Prophezeiungen der heiligen Birgitta sind auch im 3. Kapitel der 1519 erschienenen, weitverbreiteten Reformschrift onus ecclesiae von Berthold Pristinger verarbeitet. S. Fabricius, Bibliotheca Latina Tom. I. 769. — Grisar, Luther I. S. 36 und 279.
6. Joachim von Sandrart, Teutsche Academie der Edlen Bau-, Bild- und Mahlerey-Künste. 1675. (1. Teil 1675, 2. Teil 1679. Lat. Ausgabe von 1683.)
7. Tiemann, G., im Cicerone, 1924.
8. Kögler, Hans, Zu Grünewalds Isenheimer Altar. Repertor. f. Kw. XXX.
9. Siehe Sponsel, Sandrarts Teutsche Academie kritisch gesichtet, 1896, besonders Seite 90 und Seite 135.
10. Hohbach, Jos., Mattheus Grünwalt aus Aschaffenburg. Lit. Beilage der Augsburger Postzeitung vom 25. April 1928. Und briefliche Mitteilungen.
11. Siehe bei Schmid u. a. O, S. 287 Anm. — Ferner Feigel im „Beobachter am Main", 1928.
12. Mittelrheinische Volkszeitung vom 11. Januar 1929. Siehe auch Hildegardis-Festkalender für 1929. — Das Schrifttum der heiligen Hildegard von Bingen (Liber Scivias u. a.) ist bei seinem fremdartig-sinnbildlichen Gepräge für die kirchl. Kunst unverwendbar geblieben und hat auch auf Grünewald in keiner Weise eingewirkt.
13. Simon, Karl, Zu Grünewalds Aufenthalt in Frankfurt. Kunstchronik, 1919.

13a. Eine treffende Beobachtung Hohbachs. Der Dargestellte spitzt nämlich die Feder und hat vor sich ein Tintenfaß und eine Zeichnung.

13b. Umso bedauerlicher ist angesichts der methodischen Verfehltheit des Buches die marktschreierische Art der Anpreisung, in der allen Ernstes die — glücklicherweise papierene — Hinrichtung sämtlicher Grünewaldforscher seit den Tagen Woltmanns im Jahre 1874 bis zur Gegenwart (mit Ausnahme natürlich von Naumann und Zülch) vollzogen wird. Mag diese schlecht maskierte Geschäftsempfehlung auch zu Lasten des Verlegers gehen (wie kann ein ernster und verdienter Verlag sich so weit vergessen!), so bleibt immerhin ein reiches Maß geschwellten Selbstbewußtseins, mit dem der Verfasser auf den Plan tritt. Man höre: „Das Nithart-Grünewald-Rätsel ist gelöst, endgültig gelöst." — „Die ältere Forschung befindet sich, ohne ihre Lage zu merken, in hoffnungslosem Gleiten meinen schon sehr alten Anschauungen zu." — Sie befindet sich „in einer *beispiellos katastrophalen Krise*." — Die Aufstellungen Naumanns beleuchten gleich „Blitzen das *Trümmerfeld der Grünewaldforschung*".

Und welch naive Gläubigkeit spricht aus folgenden Sätzen, die der Verfasser zumeist, des größeren Nachdrucks wegen, mit drei Ausrufezeichen versieht: Die Teilung (des Selbstbildnisses) geht „bis zu 128steln der Bildbreite, das ist bis zu einer *Maßeinheit von* 2,5 mm"! Er entdeckt neben der heute sichtbaren Hand das Kinderhändchen des Dreizehnjährigen. Die Röntgenaufnahme ergibt zwar keinerlei Anhaltspunkte für diese Untermalung, aber nur, weil sie „ohne seinen Rat vorgenommen" wurde. Es müsse daher verlangt werden, daß eine Untersuchung des Bildes „durch einen *detektivmäßig* und mit dem

Verantwortungsgefühl des Untersuchungsrichters arbeitenden Gerichtschemiker und -photographen geschehe"! Dieses Selbstbildnis ist „in der Freizeit nach der Gesellenprüfung, den Mulusferien des MN, entstanden." Unter dem Druck der Gegengründe Dornhöffers, Buchners und A. L. Mayers muß Naumann das Bildnis als unmittelbares Selbstbildnis fallen lassen. Es geht nach ihm auf eine heute verlorene Silberstiftzeichnung zurück, die „in das Konstruktionsschema übertragen und in Farbe gesetzt wurde". Die Hände sind dabei „einem fremden Modell abgenommen"! MN hat die Geheimlehre von der Blickführung „unter vier Augen in feierlicher Form überkommen" mit einem Schweigegebot, so wie es „den Mitgliedern der Hütte bei jeder neuen Offenbarungsstufe abgefordert wurde. Er hat sein Geheimnis mit ins Grab genommen". — In der „zweiten Hälfte des Jahres 1475 ist die menschliche Hand ein Problem, dem zulieb in der Kolmarer Werkstatt zahlreiche Studien entstehen". Naumann hat allein bis 1475, dem zwanzigsten Lebensjahr des Meisters, 22 Werke seiner Hand, darunter 6 Gemälde gefunden! Während die Kunstforschung bisher froh war, nicht datierte Werke auf 2—3 Jahre genau anzusetzen, gelingt dem Verfasser sogar eine Datierung nach Jahreszeiten: Mitte 1475, Ende 1475! Es fehlt nur noch die Tagesstunde: morgens vor dem ersten Frühstück. Das Motiv des „Wärzchens auf der Wange" ist ihm die Leitform für eine Reihe von Bildnissen dieser Jahre: „Den mittelalterlichen Künstler reizten derlei Kleinigkeiten, er bestaunte sie mit kindlicher Freude"! Die spätere Aufschrift „Pius Joachim" auf dem Basler Bildnis eines alten Herrn mit der Pelzmütze verleitet ihn zu der welterschütternden Entdeckung, daß „Joachim, woran noch nie gedacht wurde, der Schutzpatron der Familie Schongauer" und das Bild ein Bildnis des heiligen Joachim mit den Zügen des alten Kaspar Schongauer ist! Inzwischen hat der Hinweis Buchners auf die Hand H. Burgkmairs dadurch eine Bestätigung erfahren, daß der Familienname Joachim tatsächlich in der Nähe Augsburgs, z. B. in Autenried, belegt ist. — Das Selbstbildnis eines bartlosen Mannes in der Wiener Albertina ist „im Angesicht der Basler Tafel, in dem Zimmer, in dem sie hing, angefertigt". Dieses und drei andere Bildnisse werden ohne jede Spur eines Beweises als vier Männerköpfe der Familie Schongauer bezeichnet. Die späte Inschrifttafel unter dem höhnenden Pharisäer, Zeichnung Grünewalds in Berlin, wird als gleichzeitiger Herzenserguß des Meisters erklärt. Zum Schlusse gibt Naumann in seinem Gutachten an Dr. Zülch für das angebliche Selbstbildnis MN die wahnwitzige Schätzung von 1,5 Millionen Reichsmark. Wenn die deutschen Museen dem Vorschlag des Verfassers auf einen gemeinsamen Ankauf des Bildes schon aus geldlichen Gründen nicht zu folgen vermögen, so trägt Naumann in erster Linie die Verantwortung.

14. Lexer, Mittelhochdeutsches Handwörterbuch unter Nithart.

15. Feurstein, Heinr., Waren die beiden Sürlin wirklich Bildhauer? Jahrb. d. pr. Kunstsammlungen, 1927.

15a. Reicke, E., Albrecht Dürer als Architekt und die Klosterkirche in Gnadenberg. Zeitschrift für Bauwesen, 1926, S. 23 ff.

15b. Halm, Ph. Maria, Erasmus Grasser, Stud. zur süddeutschen Plastik, 1928, S. 88 ff.

16. Redlich, P., Kardinal Albr. v. Brandenburg u. d. neue Stift zu Halle, 1900.

17. So auch Hagen und Zülch. Schmid ist in der Frage zurückhaltend, Hohbach widerspricht.

18. Siehe darüber Janssen, Geschichte des deutschen Volkes, Band 1—3.
19. Siehe die trefflichen Ausführungen bei Dehio, Gesch. der deutschen Kunst, Bd. 2.
20. Das ist wohl der richtige Sinn der Stelle. Dieser muß aus dem Zusammenhang geschöpft werden, den leider Schmid S. 291 nicht angibt. Ich verdanke diesen Hinweis Herrn Professor Dr. Friedländer in Freiburg. Damit ist allerdings noch nichts über eine künstlerische Abhängigkeit Grünewalds ausgesagt. Daß er aber ausgerechnet in diesem Zusammenhang genannt wird, ist immerhin bezeichnend.
21. Siehe über den Maler neuerdings: Hévesy, André de, Jacopo de Barbari, 1925.
22. Josten, M. Grünewald, Velhagen u. Klasings Künstlermonographien, 1921. Hier auch die Abb. Die Tafel (auch die Innenseite) hat mit Baldung nichts zu tun. Franz Rieffel hat seine Zuweisung selbst wieder zurückgenommen. Das Bild wird heute, Zülch folgend, dem Martin Caldenbach zugeschrieben. — Einen späten Kruzifixus aus mittelrhein. Privatbesitz bringt Wolters, Eine Grünewaldreminiszenz aus dem achtzehnten Jahrh., Städeljahrbuch II, 1922, in überzeugenden Zusammenhang mit dem Altarflügel Grünewalds in der Fürstl. Galerie zu Donaueschingen. — Für die mittelrheinische Bodenständigkeit Grünewalds treten auch Thode, Bock, Zülch und Réau ein.
23. Feigel, Skulpturen im Stile Grünewalds. Münchner Jahrb. der bild. Kunst, 1909.
24. Grünewald erhielt seine italienischen Formeindrücke, die bei ihm nirgends in ursprünglicher Stärke auf reten, wie fast alle deutschen Maler seiner Zeit aus zweiter Hand, wohl von Jacopo de Barbari, dessen gefährlicher Einflüsterung sämtliche Nürnberger um die Jahrhundertwende mit Einschluß Dürers erlegen sind. Zu diesen gehört auch der frühe Cranach, an dessen Liebespaar von 1504 der Fluß der Kopflinie der Madonna erinnert wie die betonten Kniewülste der sitzenden Madonna an dasselbe Motiv bei Cranach, die Ruhe auf der Flucht von 1504. Wir werden noch sehen, daß Grünewald in diesen Jahren zwischen Cranach und Dürer emporwächst.
Rieffel hält an einer Italienreise fest (Zeitschr. f. christl. Kunst X, 1897 und Zeitschrift für bildende Kunst N. F. XII, 1902), während Schmid einen Aufenthalt in Rom, der sich wegen der Wiedergabe von Einzelheiten des Lateranpalastes am ehesten nahelegt, dahingestellt sein läßt. Die Kenntnis dieser Dinge wie überhaupt die spärlichen Renaissancestoffe auf Bildern Grünewalds konnten sehr wohl durch graphische Vorlagen vermittelt sein. Die Grundrichtung der Grünewaldschen Malweise ist jedenfalls im Gegensatz zu Dürers Spätzeit durchaus deutsch geblieben. — Die Tatsache, daß der Meister in den Jahren 1503—09 von Dürer und Cranach eine Reihe Anregungen aufnimmt, beweist, daß er damals noch ein Lernender war, daß man also sein Geburtsjahr nicht zu früh ansetzen darf.
25. Stellflügel finden sich z. B. bei schwäbischen Altären nur im fränkischen Grenzgebiet: Schwaigern und Stockheim, O. A. Brackenheim, Wasseralfingen, O. A. Aalen, Schloßkapelle Kilchberg (siehe Schütte, Der schwäbische Schnitzaltar, S. 48), in Bayrisch-Schwaben bis südlich Nördlingen, d. h. in dem Einflußgebiet Nürnbergs, daher auch bei Schäufelein und beim Meister von Meßkirch, die beide von Nürnberg herkommen.
26. Siehe Junius, Sächsische Altäre der Spätgotik. — Hentschel, Alte Kunst in Sachsen, 1926.
27. Siehe Freiburger Diözesanarchiv XIX, 211. Nach seiner Grabinschrift im Dome

zu Speyer war er Domherr von Mainz, Köln und Straßburg und Propst von Aschaffenburg. Er starb 1526.

28. Rieffel, Franz, Grünewaldstudien. Zeitschrift für christl. Kunst, 1897. — Besprechung des Buches von O. Hagen, Repertor. f. Kunstwissenschaft, 1920.
Mayer, A. L., Matth. Grünewald, 1919.
Hagen, Oskar, Matthias Grünewald, 4. Aufl. 1924.

29. Feurstein, Heinr., Zur Deutung des Bildgehaltes bei Grünewald. Beitr. zur Gesch. d. deutschen Kunst, 1925. (Auch Sonderdruck, 1924.)

29a. Knapp, Fr., in Zeitschrift für bildende Kunst, 1928; derselbe im Würzburger Generalanzeiger, 1928; derselbe in Altfränkische Bilder, Würzburg 1930.

30. Walter, Jos., Das Mysterium der Jungfrau. Christl. Kunst, 1920/21.

31. Auch Molsdorf, Christl. Symbolik der mittelalterlichen Kunst, 1926, kennt weder Bienenkorb noch Regenbogen als marianisches Sinnbild. Nur im Mariale Bernardins von Busti findet sich der arcus coeli, desgleichen bei Bonaventura, Laus Virginis 6, 469. Siehe Salzer, Die mar. Vorbilder u. Symbole, 1893.

32. „St. Anselmus sagt, daß der reinste Leib des Herrn, der vor der Geißelung überaus lieblich war, nachher aussah, als wäre er von dem Aussatz zerfressen. Wohin die Kugeln und Haken der Geißelung trafen, da rissen sie Stücke Fleisches mit fort. So stand er da, vom Blut ganz überströmt, und was nicht zerfleischt ward an seinem heiligsten Leibe, war grün und blau geschlagen. So jämmerlich wurde er zugerichtet für dich." Ernst, Altdeutsche Betrachtungen nach dem St. Georgener Prediger des dreizehnten Jahrh., Hildesheim, 1922, S. 62. — Die heilige Birgitta von Schweden errechnet die Zahl der Wunden Jesu auf Grund einer Offenbarung auf 5475.

33. Siehe Schulte, P. Martin von Cochem, 1910. — Stahl, P. Martin von Cochem und das Leben Christi, 1909.

33a. S. Petrus Canisius: „Ich werde nie müde, die Schriften der heiligen Birgitta zu zitieren, denn dieser heiligen Witwe sind viele göttliche Geheimnisse geoffenbart." Bei Krogh-Tonning, Die heilige Birgitta von Schweden, 1907. — Auch Abraham a S. Clara beruft sich nach einer Mitteilung des Herrn Prof. Dr. Bertsche nicht selten auf die Heilige.

34. Cornell, Henrik, The Iconography of the Nativity of Christ, 1924 (S. 7 ff., besonders S. 17 und 21).

35. Collyn, Isak, Iconographia Birgittina Typographica, I Pl. VI.

35a. Joh. Torto = Joh. Tortsch, magister artium, baccal. theol. an der Universität Leipzig. Wird 1436 als tot bezeichnet und gilt heute als Verfasser des onus mundi. S. Helm, Maria, Birgitta von Schweden in der deutschen Literatur des fünfzehnten Jahrhunderts, Münchener Dissert., 1916. — Ueber S. Birgitta heute am besten: Flavigny, F., de, S. Brigitte de Suède, 3. Aufl. 1910; Fogelklou, Emilia, Die heilige Birgitta von Schweden, München 1929.

36. Springer, Ikonographische Studien, Mitt. K. K. C. C. V. Wien, 1860. Auch Kögler a. a. O. S. 314 sagt mit Recht: „Erklärungen aus den bereits festgelegten Formen der Bilder heraus müssen erst der Prüfung unterzogen werden, ob sie nicht der zusammensetzenden, vorstellenden Kraft des Künstlergeistes zuviel zumuten." — Aehnlich Weber, Geistl. Schauspiel und kirchl. Kunst, Stuttgart, 1894, S. 146. „Rätselbilder zu schaffen lag niemals in der Absicht des Mittelalters. Der An-

schauungskreis des Zeitalters bietet den festen Hintergrund für die künstlerischen Gedanken."

Auch Joseph Sauer schließt sich in einer Besprechung der Bernhartschen Schrift im Liter. Handweiser, 1921, Nr. 6, dieser Auffassung an. Er findet ebenfalls, daß die Phantasie des Verf. trotz aller Berufung auf theol.-liturgische Quellen viel zu weit geht und daß ihm vor allem ein allseitiges kritisches Verständnis der Schaffensweise mittelalterlicher Symbolik abgeht. „Mit zufällig zusammengetragenen und willkürlich angewendeten Zitaten rekonstruiert man noch nicht die großen Ideengänge mittelalterlichen Geistes." — Aehnlich äußert sich Künstle in seiner neuen Ikonographie der christl. Kunst, I. Bd. — Die Deutung aus einer e i n z i g e n Schriftquelle hat erkenntnistheoretisch immer den Vorzug vor jeder anderen Erklärung.

37. Münzel, Gustav, Der Kopf mit den drei Gesichtern. Ztschr. f. christl. Kunst, 1912.

38. Hartlaub, G. F., Giorgiones Geheimnis. Ein kunstgesch. Beitrag zur Mystik d. Renaissance.
Panofsky-Saxl, Dürers „Melencolia I", 1923.
Giehlow, Dürers Melancholia I und der maximil. Humanistenkreis, 1904.

38a. Die Nachbildung im Besitze des Rechtsanwalts Dr. Laaff in Wiesbaden ist, nach der Rückseite zu schließen, 1603 für den Vizedom Hartmut von Cronberg in Aschaffenburg hergestellt worden.

38aa. Abbildung bei Westheim, P., Das Holzschnittbuch, 1921, S. 63.

39. Die Gießener Univ.-Bibliothek besitzt unter W 55 480 ein zu Mariental gedrucktes Brevier, in dessen Kalender der Besitzer zu nonas Augusti (5. August) die Notiz eintrug: celebretur festum bte virg. a nivis (!) ex institutione Dni Urielis ord. ao 1512. Mitgeteilt von Falk, Geschichtsblätter aus den Mittelrhein. Bistümern, Sp. 243 f. — Reitzmann hatte im Mai 1515 einen dünnen Folioband herausgegeben, der die Verbreitung des Festes fördern sollte. Siehe Schmid a. a. O. S. 196. Die Holzschnitte sind als Vorlage in dem erhaltenen Flügel Grünewalds noch herauszufühlen. Der verlorene linke Flügel dürfte daher des frommen Stifterpaares Gelöbnis an die heilige Jungfrau gezeigt haben.

40. Kögler, Hans, Kann ein Holzschnitt H. Baldungs zur teilw. Datierung von Grünewalds Isenheimer Altar dienen? Monatshefte f. Kunstwissensch. 1. Jahrg., 1908.

41. Curjel, Hans, Grünewalds Versuchung des heiligen Antonius, Kunstchronik, 1920. — Johannes Damrich (Die Kunst dem Volke, München 1919) faßt in sehr überzeugender Weise den Pestteufel und die Schildkröte mit dem Basiliskenhals daneben als Vertreter der Syphilis und erklärt die verbleibenden sieben Ungetüme als Sinnbilder der sieben Hauptlaster: „Der Sperber mit dem gesträubten Gefieder galt schon früh als Sinnbild des Zornes. Daß der ekelhafte Kerl darüber mit dem hängenden Hut die Trägheit verkörpert, leuchtet ein, ebenso, daß das Ungetüm mit dem großen Maul und den scharfen Zähnen die Gefräßigkeit sinnbildet. Den Dämon darüber verrät das heute noch sprüchwörtliche Hirschgeweih als ‚Vertreter' des Ehebruchs und der Unzucht. Die von vorn gesehene Larve mit der roten Schnauze und den farbigen Schmuckfedern ist glaubhaft der Teufel der Hoffart, ebenso ‚der Neid' mit dem abgenagten Knochen und der affenartig gebildete ‚Geiz', der die Gelegenheit benützt, des Antonius Mantel zu stehlen." Tatsächlich trägt z. B. das Wesen mit dem Hirschgeweih auf Baldungs Holzschnitt im Granatapfel von 1511 die Beischrift „Vnkeüschait".

42. Siehe Mayer, Herm., das Matrikelbuch der Universität Freiburg i. Br.
43. Siehe Thieme-Becker, Allg. deutsches Künstlerlexikon. — Feurstein, Heinr., Katalog der Fürstl. Gemäldegalerie Donaueschingen, 1921.
44. Schönberger, Guido, in den Beiträgen zur Geschichte der deutschen Kunst, 1. Bd. 1925.
45. Alles Nähere bei Redlich, P., Kardinal Albrecht von Brandenburg und das neue Stift zu Halle, 1900.
46. Muther, die deutsche Bücherillustration der Gotik und Frührenaissance, 1884. — Die Darstellung wird übrigens nochmals von Schäufelein aufgegriffen, und zwar 1513 in dem bei Schönsperger in Augsburg erschienenen, reichbebilderten deutschen Gebetbuch Via felicitatis mit der Gegenüberstellung von Erasmus und Georg, dazwischen Pantaleon ähnlich wie in Lindenhardt.
46a. In der Konfirmationsurkunde vom 14. Mai 1521 verleiht Karl V. dem neuen Stift ein eigenes Wappen: im blauen Schild ein goldenes Gabelkreuz (crux bifurcata), das den Schild in vier Quartiere aufteilt (1 u. 4 die drei Salzkörbe der Stadt Halle, 2 u. 3 die drei Salbbüchsen der heiligen Magdalena). S. Redlich a. a. O. S. 43. Der Propst führte dasselbe Wappen mit der Inful über dem Schilde. — Man müßte das heutige Erbachsche Wappen auf seine Untermalung untersuchen.
47. Siehe Ehrensberger, Zur Geschichte d. Benefizien in Tauberbischofsheim. Freiburger Diözesanarchiv XXIII, 1893.
48. Berberich, J., Gesch. der Stadt und des Amtsbez. Tauberbischofsheim, S. 204; dagegen Oechelhaeuser, Die Kunstdenkmäler d. Großh. Baden, Kreis Mosbach.
49. Von Allioli-Arndt.
50. Sitzmann, Karl, Die Lindenhardter Tafelbilder. Ein Frühwerk von M. Grünewald, 1926.
51. Braune, Heinz, Ein Bild von M. Grünewald. Repertor. f. Kunstwissensch., 1910.
52. Voegelen, Mina, Die Verspottung. Repertor. für Kunstwiss., 1921.
53. Weizsäcker, Heinr., Die Kunstschätze des ehem. Dominikanerklosters zu Frankfurt a. M. Textband und Tafelband. — Weizsäcker gibt wohl die erste richtige Auflösung der Exorzismusformel im aufgeschlagenen Buche: AVCTORITATE DOMINI NOSTRI JHESV CHRISTI EXORCIZO TE PER ISTA TRIA NOMINA EIXAI EN ONOMATI GRAMMATON IN NOMINE PATRIS ET FILII ET SPIRITVS SANCTI AMEN, wobei aber Grammaton nicht = Heilige Schrift, sondern Tetragrammaton = INRI, also der Kreuzestitel ist, dem große Kraft zugeschrieben wurde. Ueber das Umwickeln des Besessenen mit der Stola usw. s. Franz, Die kirchl. Benediktionen im Mittelalter, II. Bd.
53a. Briefliche Mitteilung an den Verfasser.
54. Man vergleiche die Pieta in der Marienkirche zu Hanau und die Grablegung in Aschaffenburg.
55. Bock, Fr., M. Grünewald, 1909. — Derselbe, Hochland, 1912.
56. Woltmann, Alfred, Gesch. d. deutschen Kunst im Elsaß, 1876.
57. Kraus, Fr. Xav., Kunst und Altertümer in Elsaß-Lothringen, 1883.
58. „Gegenüber wird ihr (nämlich der Maria mit dem Kinde) wie in einem Gesicht die künftige Verehrung und Herrlichkeit, die sie zu erwarten hat, gezeigt." Bericht des Fr. Chr. Lerse, Freund Goethes, um 1781. Ueber die Verfasserschaft des Lerse vgl. Riggenbach, Basler Zeitschrift f. Gesch. u. Altertumskunde XIV, S. 274 ff.
59. Schneider, Friedr., M. Grünewald und die Mystik. Beil. zur Allg. Zeitung, 1904.

60. Baumgarten, Fritz, Grünewalds Isenheimer Altar. Zeitschr. f. bild. Kunst, 1903.
61. Groner, Die Geheimnisse des Isenheimer Altars in Colmar, 1920.
62. Schubring, P., Die Galerien Europas, VI. Bd., 1911.
63. Lange, K., Mariä Erwartung, ein Bild Grünewalds. Repertor. f. Kunstwissenschaft, 1910.
64. Walter, J., Das Mysterium der heiligen Jungfrau. Christl. Kunst, 1920/21.
65. Müller, M., Zu Grünewalds Isenheimer Altar. Christl. Kunst, 1920.
66. Mayer, Aug. L., M. Grünewald, 1919. — Siehe auch die geistvolle Ausdeutung der Werke Gr.'s durch Johannes Damrich, Die Kunst dem Volke, 1. Sondernummer, München 1919.
66a. Die Figur ganz links ist sicher Moses mit dem Tafelgesetz, die Gestalt gegenüber rechts trägt den Spitzhut der Juden. Also nicht die vier Evangelisten mit Ezechiel, wie R. Wiebel meint, sondern lex et prophetae nach Matth. 7, 12 = das alte Testament. — Damit erledigen sich auch die Deutungen Groners a. a. O. S. 28: Der kleine Tempel sei das Bühnenhäuschen des geistlichen Schauspiels, aus dem die Kirche tritt (!), und von Walter a. a. O. S. 42: „Das reicher ausgestattete Brauttor der mittelalterlichen Kirche." — Warum die Propheten klagen sollen, wie Kögler u. Schmid a. a. O. S. 154 an der Hand des Speculum humanae salvationis feststellen wollen, ist nicht einzusehen. Klagende Propheten würden neben den jubilierenden Engelchören völlig aus der Rolle fallen. Der Altar hat übrigens mit der Anlage des Speculums nichts zu tun.
67. Vergl. indes auch Beitz, E., Cäsarius von Heisterbach und die bild. Kunst, der darauf hinweist, daß der Kreis oft Sinnbild der Ewigkeit ist. Siehe dort Abb. 14, wo Mariens Seele in einem Kreis von zwei Engeln zum Himmel getragen wird.
67a. Die Wiege schon in Dürers Marienleben (Ruhe auf der Flucht, Bl. 90), Zuber und Breipfanne beim Meister der Glaubensartikel „Walfart oder Bylgerung U. L. Fr.", erschienen 1489 bei Joh. Reger in Ulm (Josef und Maria in ihrer Behausung, Blatt 17 r), abgebildet bei Schramm, der Bilderschmuck der Frühdrucke, Band 7, Leipzig, 1923, Abb. Nr. 170. Vergl. auch Weil, Ulmer Holzschnitt, Berlin, 1923, S. 74 und Abb. 50.
67b. Der Bart hat nach Mitteilung des Herrn Hauptkonservators Dr. Gräff in München seine Richtigkeit und ist weder Retusche noch Fehlstelle. Ich gestehe, diesen bärtigen Engel nicht erklären zu können. Die Deutung Bernharts auf Henoch und Elias befriedigt nicht; denn beide gehen nach Apok. 11, 3 ff. dem Gerichte, aber nicht der Geburt Christi voraus.
68. Heidrich, Geschichte des Dürerschen Marienbildes, 1906, der aber auf diese Berührungspunkte nicht hinweist.
69. Niemeyer, M., M. Grünewald, der Maler des Isenheimer Altars, 1921.
70. Vielleicht darf man in den beiden konzentrischen Lichtkreisen, rot und gelb, eine Andeutung dieser beiden Leuchten erblicken.
71. Man beachte den Vorgang im Torhalbkreis mit den beiden Männern, von denen der eine kniet, der andere zu segnen scheint. Also Abraham und Isaak oder Abraham und sein Knecht Eliezer, der auf seine Lenden schwört nach Genesis 24, 9.
72. Man beachte, wie hier die Schilderung beginnt, auf die rechte Hälfte des Menschwerdungsbildes überzuspringen. Die heilige Birgitta spricht an einer Stelle ihrer Offenbarungen davon, wie die Engel gleich Sonnenstäubchen zwischen Himmel und Erde auf- und abfluten.

73. Nach Niemeyer u. A. ist die Glaskanne mit Wein gefüllt. Nach der dritten Sonntagslesung des Sermo angelicus ist die Gnade des Heiligen Geistes der Wein, der in dem heilbringenden Gefäße des Leibes Christi bereitet wird. In der zweiten Dienstagslesung wird Maria die herrliche Weinrebe im Weingarten Gottes genannt.

74. Vielleicht ist der Kelch zu Füßen des Lammes auf dem Kreuzigungsbilde ein Hinweis auf diese Schlußstelle des Sermo angelicus.

75. Die schwierig zu deutende weibliche (mit der Federkrone geschmückte?) betende Figur in dieser schwebenden Aureole kann daher im Zusammenhang des Ganzen nicht als Sibylle, sondern nur als Vorbild der Maria, also als Eva gefaßt werden. Eva wird übrigens mit Adam zusammen auch in der zweiten Lesung des Samstags genannt.

76. Nebenbei sei bemerkt, daß auch der lateinische Text: Ubi eras bone Jesu ubi eras? quare non affuisti ut vulnera mea sanares? auf dem Zettel in der rechten Ecke des Versuchungsbildes einer Nürnberger Quelle entstammt, nämlich der Legenda aurea, die Koberger 1478 herausgab. S. Schmid a. a. O., S. 176.

77. Binder, G., Geschichte der bayerischen Birgittenklöster. Verhandlungen des hist. Vereins für Oberpfalz und Regensburg XLVIII, 1896.

78. Christus am Kreuz mit Joh. dem Täufer und König David, jetzt im Germanischen Museum in Nürnberg (Nr. 205, 102×51 cm, seitwärts beschnitten), das früheste Bild Schäufeleins, ehemals in der Wallerstein-Galerie und nach Grupp, Fürst Ludwig von Oettingen-Wallerstein als Museumsgründer, Histor. Verein f. Nördlingen, 6. Jahrb. 1917, S. 92, ebenso aus Kloster Maihingen stammend wie der sogen. Maihinger Altar Schäufeleins im Germanischen Museum. Dieses Kreuzigungsbild ist der Ausgangspunkt einer in der Nürnberger Lokalschule heimisch gewesenen, später von der Cranachschule ausgebeuteten Allegorie der Erlösung (vergl. Germanisches Nationalmuseum, Bild Nr. 221), die als Bestandteile enthält: Moses mit dem Tafelgesetz, die Verkündigung an die Hirten, die schwangere Jungfrau, den Gekreuzigten mit dem sinnbildlichen Lamm und dem Täufer als Indicator Christi (vergl. die Begleitfigur des Gekreuzigten in Isenheim), ein Stoff, der von Hans Sachs 1529 in Reime gebracht („die 7 anstöß eines Menschen" etc.), später unter bewußter Zuspitzung zum bezeichnenden Erlösungsbilde der Reformation gestaltet wird und schließlich, wie Karl Schäfer (Von L. Cranach bis in die Werkstatt bremischer Bildschnitzer. Jahrbuch der Bremischen Sammlungen, 1909) nachgewiesen hat, auf dem Umwege über die Lübecker Bibel von 1532 und die Wittenberger von 1545 nach Bremen gelangt und dort auf den Brauttruhen der Bremer Patriziertöchter sich totläuft. Dieser Stoffkreis ist *ebenfalls birgittinisch* und Offenb. VI. 54 entnommen.

79. Siehe Schulte, P. Martin von Cochem, S. 47 ff. — Vgl. Zahn, Einführung in die christl. Mystik, 1908, S. 519.

80. Lundström in Herzogs Realenzyklopädie für prot. Theologie und Kirche.

81. Ueber die umstrittene Zuweisung der auf alle Fälle bedeutenden Holzschnitte s. Dodgson, Catalogue of early German and Flemish woodcuts in the British Museum I 263 f. Neuerdings versucht Röttinger eine nicht überzeugende Gleichsetzung des sog. Birgittenmeisters mit Peter Vischer von Nürnberg, Naumann sogar mit Grünewald.

81a. S. Helm, Maria, a. a. O.

81b. Siehe auch Luthers Sermon von guten Werken (vom 29. März 1520): „Er läufet zu St. Jacob, Rom, Jerusalem, hie und da, betet St. Birgitten Gebet, diß und das, fastet den und disen Tag, beichtet hie, beichtet da, fraget diesen und jenen." L's. sämtliche Schriften ed. Joh. Georg Walch, Halle, 1744, Sp. 1572. — Mitt. von Pfarrer Konrad Kaltenbach in Aasen. — Es gab kaum einen Pilgerführer durch Rom, der nicht die fünfzehn (unechten) Gebete der heiligen Birgitta enthielt. — In den spätmittelalterlichen Wappenbüchern wird unter den „drei gut Christin" neben Helena und Elisabeth auch Brigitta aufgeführt. Vgl. den Holzschnitt Burgkmairs B. 65.

82. Günther, Rud., Die Brautmystik im Mittelbild des Is. Altars, 1924.

83. Beitz, Eg., Grünewalds Is. Menschwerdungsbild u. s. Quellen, 1924.

84. Weser, Rud., im Archiv f. christl. Kunst, 1925. (Auch Sonderdruck, Ulm, 1926.)

85. Lange, K., M. Grünewalds Stuppacher Madonna. Jahrb. d. pr. Kunstsammlungen, 1908. — Das Bild befand sich in der Deutschordenskirche in Mergentheim und mag durch die Deutschordenskommende Aschaffenburg, wie Hohbach vermutet, nach Mergentheim gelangt sein.

86. In der Pfarrkirche zu Tauberbischofsheim befand sich nach dem Berichte des Pfarrers Remscheid, Lic. theol., vom 23. November 1665 als größtes Heiltum (quod maximum est) ein Schleier der allerseligsten Jungfrau, mit dem sie im Leiden unseres Herrn die Tränen und den Schweiß trocknete (peplum B. M. V., quo lacrimas et sudorem detersit in passione Dni nostri J. Chr.). „Color Sacri Pepli videtur als sei es von nesselgarn oder baumwolle, longitudo 3½ et latitudo 3 viertel Ellen. Ceterum semper in precio et honore habitum fuisse ... omnes senatores et cives fide digni attestantur." S. Ehrensberger, Zur Geschichte der Benefizien in Tauberbischofsheim, Freiburger Diözesanarchiv XXIII, 1893, S. 151.
Diese seltene Reliquie wurde im St. Stephans- oder Schleieraltar aufbewahrt, der schon 1612 (s. Berberich, Gesch. d. Stadt Tauberbischofsheim 1895, S. 218) an den Chorstufen unter dem Triumphbogen stand. Das Benefizium wurde in unbekanntem Jahre zwischen 1396 und 1514 gestiftet. Noch 1723 war „der lieben frauen schleyer-altar im föllichen floor und der schönste in der Kirchen, wird fast täglich Gottes-dienst darauf gehalten" (Bericht des Mainzischen Faktors Michael Karl Fleisch-mann). 1751 ist der an unbequemem Orte stehende Altar beseitigt, seit 1760 wurde der Schleier im S. Annaaltar aufbewahrt, seit Anfang des neunzehnten Jahrhunderts ist er verschwunden. Ehrensberger a. a. O., S. 132 und 151.
Der Schleier auf dem Stuppacher Bilde hat, an der Figur der Madonna gemessen, eine Länge von mindestens zwei Meter, was gut zu den Maßen des peplum passen würde. Er scheint, nach der ansprechenden Vermutung von Johannes Damrich, vom Körper des Kindes herabgeglitten zu sein.

87. Zeller, Joh., Die Madonna v. Stuppach, eine Bildeinführung, 1921.

88. Rieffel, Franz, Ein Gemälde des M. Grünewald. Zeitschr. f. bild. Kunst, 1902.

89. Ueber Fidel Haiz siehe Freiburger Diözesanarchiv XVII, 93. — Badische Biographien I, 327.

90. Friedländer, Max, M. Grünewalds kl. Crucifix. Jahrb. d. pr. Kunstsammlungen, 1922.

91. Schönberger, Guido, Matthias Grünewalds „Klein Crucifix". Städeljahrbuch II, 1922.

92. Auf der Rückseite die Inschrift: Dises Defelein verehr ich meiner viel geliebten baß Maria Euphrosina zu einem lieben Gedechtniß 1681. Darunter die Buchstaben v: d: m: d: g. k. m. (?). Sodann: Dises Täffelein verEhre Ich mit Erlaub-

niß der Oberen auf den Oelberg Altar [in Heiligkreuztal] Anno 1732 den 11. Juny Ich Maria Ephrosina Prechtin von Hochwarth in dem 87. Jahr Meines Alters und in dem 5. Jahr der Blindheit. — Neuerdings eine namentlich im Johannes stark veränderte Kopie auf Kupfer im Schles. Mus. d. bild. Künste in Breslau, 61×41 cm, im Kunsthandel in Venedig vor einigen Jahren erworben, bez. F. Cherubinus Capucinus f. 1639.

93. Kautzsch und Neeb, Der Dom von Mainz (Hessische Kunstdenkmäler).

93a. Siehe über Albrecht neben Janssen, Gesch. d. deutschen Volkes (Bd. 1—3) neuerdings Veit, A. L., Kirche und Kirchenreform in der Erzdiözese Mainz im Zeitalter der Glaubensspaltung (1517—1618), 1920.

94. Friedländer-Bock, Handzeichnungen deutscher Meister, Propyläen-Verlag, Taf. 50. — Bock, E., Die Zeichnungen in der Univ.-Bibliothek Erlangen, Prestelverlag, 1929, Nr. 357. Tuschfeder, schwarz und braun laviert, 310×196 mm. Vgl. Lange, Flötner, S. 53 Nr. 2 und Abb. S. 51; Haupt, Zur Baugeschichte des Heidelberger Schlosses, 1902, S. 79 und Abb. 36.

95. Thieme-Becker, Allg. deutsches Künstlerlexikon.

96. Feurstein, Heinr., Ein verschollener Altarflügel Grünewalds. Zeitschr. f. bild. Kunst, 1920. — Derselbe, Cicerone, 1924.

96a. Prof. Dr. Eugen Fischer, Direktor des Kaiser Wilhelm-Instituts in Berlin, antwortet uns auf die Frage, ob bei diesem männlichen Akt des Gekreuzigten mit seinen absonderlichen Formen Gesehenes, also anatomisch Mögliches zum Bilde wurde, in freundlicher Weise ausführlich: „Die rein anatomische Beurteilung des Bildes, also eine bewußte Uebergehung aller absichtlichen Formgestaltungen des Künstlers, ist nicht ganz leicht. Es ist kaum möglich, für alle Einzelheiten sich ein Urteil zu bilden, wie weit der Künstler etwa in Erinnerung an wirkliche, im Leben beobachtete Muskelformen solche am Toten darstellen wollte, und wie weit er nur durch Andeutung von Muskelrelief, ohne anatomische Richtigkeit, Flächen lebendig machen wollte. Arm und Bein sind im Zustand stärkerer Muskelkontraktionen dargestellt, vor allem das Bein. Von anatomisch geringer Unrichtigkeit der Streckmuskeln des Oberschenkels abgesehen, deutet das Ganze offenbar Todesstarre an (denn sonst wäre solche Muskelwirkung nur bei starker absichtlicher und aktiver Streckung möglich). Auch die Einziehung des Bauches kann man so deuten. Mehr aber glaube ich, hat für den Künstler bei der Darstellung des Bauches die Erinnerung an einen erschütternd starken Eindruck mitgespielt, den liegende Leichen von an auszehrenden Krankheiten Verstorbenen einmal auf ihn gemacht haben. Bei solchen sinkt der Bauch tief ein, und der untere Rand des Brustkorbes steht vor."

97. Wir geben die Farbenanalyse nach dem Ostwaldschüler P. Martin Schaller: „Charakteristische Farbenwahl zum Bildgehalte unsagbaren Schmerzes. Nur trübes Graugelb und Graubraun auf meist unbuntem Grunde. Inkarnat des Gekreuzigten und überwiegende Gewandfarbe der Magdalena gleichermaßen graugelb bis in die Aufhellung und in die Schatten. Farbe des Kreuzes wie des Vordergrundes geht nach dunklem Rotbraun. Graugrüne Rinde teilweise am Kreuzbalken. In hellerem, unruhigem Grauviolett steht das zerfetzte Lendentuch. Hellgrau-gelbes, ebenfalls zerfetztes Kopf- und Schultertuch der Magdalena legt sich um hellgraues Schurzgewand über graugelbem Kleide."

98. Herr Maler Reinhold Ewald in Hanau gibt uns in freundlicher Weise diese Er-

klärung von den den Bildaufbau bestimmenden Kraftlinien: „Die formalen Be=standteile des Bildes wirken wie in einem riesigen Raumtrichter, dessen obere Spitze über dem Bildraum außerhalb zu suchen ist: ein von unsichtbarer Hand über dem Bildraum ins Schleudern gebrachter Raumtrichter; die konsistenten Be=standteile von oben herab auf den runden rotierenden Boden aufgeschraubt: zu=erst der Kreuzesstamm, mit ihm sich drehend der Leichnam Christi, gewissermaßen entrückt nach außen der rotierende Kegel der Magdalena und die untere Leiter. Beide werden aus dem sichtbaren Raum hinausgedreht. In diesem rotierenden Raumtrichter entstehen klumpige Massierungen neben grausigen Entzerrungen.
Die Gesamtheit dieses ersten Geschehens (nicht Seins) wird durchschnitten von einer riesigen formalen Achse, die von einer ganz andern Welt, einem ganz anders gelegenen Ausgangspunkt rechts außerhalb des Bildraums ihre entstehende Ur=sache zu haben scheint. — Dieses zweite Geschehen ist ein Erstarrungsversuch der rotierenden Schleuderbewegung. Ein heller Lichtschweif über dem oberen Kreuz=balken deutet diesen Kometen der Gegenbewegung rechts außen vom Bild an (Weltkörper, die aus der Bahn geschleudert werden).
Von dem Kometen als Angelpunkt geht dieser in den Sparren der Leiter wie ein Maschinengewehr streuende Achsenschnitt durch Schweif, oberen Kreuzbalken und Dreieck der beiden Arme Christi, zuckend bis zum Verschwinden am Fußpunkt der Leiter. Mit fast peinlicher Sicherheit sind die Durchdringungspunkte der zehn Sparren mit dem Leiterbalken gegeben, der überall aufspringt.
Als Ergebnis nicht Zustand: Christus am Kreuz als dokumentierte Tatsache, son=dern ein nordisch Zeitliches: Auswirkung einer ewigen Tatsache. Ich möchte noch bemerken, daß ich der Ueberzeugung bin, daß das Format des Originals bedeutend größer war."
Letztere Vermutung läßt sich mit äußeren Gründen nicht gut belegen, da das Brei=tenmaß von 76 cm bei Grünewald wiederholt vorkommt.

99. Siehe Dinges, G., Untersuchungen z. Donaueschinger Passionsspiel, 1910. — Roder, Ehem. Passionsspiele zu Villingen. Freiburger Diözesanarchiv, 1916.
100. Feurstein, Heinr., Zwei Kopien nach verlorenen Originalen Holbeins d. J. Ober=rhein. Kunst. 1. Jahrg.
101. Firmenich=Richartz, Zu M. Grünewald. Monatsheft f. Kunstwissensch., 1913.
102. Günther, Rud., Das Martyrium des Einsiedlers v. Mainz, 1925.
103. Feurstein, Heinr., Besprechung von Künstles Ikonographie der Heiligen in Beiträge z. Gesch. d. Deutschen Kunst. 2. Bd.
104. Unsere erste Vermutung, daß der heilige Einsiedler Meinrad, angeblich aus dem Geschlechte der Zollern, gemeint sei, scheiterte an der Beobachtung, daß der Heilige frühestens Mitte d. sechzehnten Jahrhunderts mit dem Stammbaum der Hohenzollern in Verbindung gebracht wird.
104a. Mitgeteilt von Redlich, a. a. O. Beil. 37.
105. Pastor, Gesch. der Päpste, 13. Bd. 1 u. 2.
106. Eubel, Hierarchia catholica medii aevi, unter Paul III.
107. Storck, Die Handzeichnungen Grünewalds, Gesellschaft für zeichnende Künste in München, 1922.
Friedländer, Max, Die Grünewaldzeichnungen der Sammlung von Savigny, 1926. — Ders., Die Handzeichnungen M. Grünewalds, 1927.

# Bilderanhang

# Verzeichnis der Abbildungen

Farbdrucktafeln:



Tiefdrucktafeln:

75. *Studie zur Madonna von Stuppach, Berlin, Kupferstichkabinett*
76. *Krönender Christus mit Engeln, Studie zum Oberissigheimer Altar? Berlin, Kupferstichkabinett*
77. *Maria mit Kind und Johannes, Berlin, Kupferstichkabinett*
78. *Madonna auf Wolken, Studie zum Mainzer Dombild, Harlem, Sammlung Frans Koenigs*
79. *Hl. Dorothea, Studie zum Mainzer Dombild, Berlin, Kupferstichkabinett*
80. *Hl. Katharina, Studie zum Mainzer Dombild, Berlin, Kupferstichkabinett*
81. *Frau (Heilige?) mit Blume, Berlin, Kupferstichkabinett*
82. *Frau mit gefalteten Händen, Studie zur Karlsruher Kreuzigung, Oxford, University College*
83. *Aufblickender Mann mit gefalteten Händen, Studie zum Johannes der Karlsruher Kreuzigung, Berlin, Kupferstichkabinett*
84. *Bildniskopf einer Frau, Berlin, Kupferstichkabinett*
85. *Sog. weinender Engel, Berlin, Kupferstichkabinett*
86. *Sog. schreiender Engel, Berlin, Kupferstichkabinett*
87. *Drei Männerköpfe, Berlin, Kupferstichkabinett*

## Quellennachweis der Abbildungen

Nr. 1 mit Genehmigung des Kunsthauses M. Ball, Dresden.
Nr. 2, 3, 4, 5, 6, 7, Photo Karl Sitzmann, Bayreuth.
Nr. 8, 15, 17, 43, Photo von F. Bruckmann A.-G., München.
Nr. 9, 51, 54 mit Genehmigung des Herrn Otto Palm in Neukochen aus H. A. Schmid, Die Gemälde und Zeichnungen von Matth. Grünewald. 1. Teil, Tafelband. Straßburg, Verlag W. Heinrich, 1911.
Nr. 10 mit Genehmigung des Städelschen Kunstinstituts Frankfurt a. M.
Nr. 11, 12, 13, 14, 16, 18, 19, 20, 21, 22, 23, 24, 25, 26, 27, 28, 29, 30, 31, 32, 33, 34, 37, 38, 39, 52, 53, 55, 56, 58, 59, 68, 70, 82 mit Genehmigung des Verlages R. Piper & Co., München, aus O. Hagen, Matth. Grünewald.
Nr. 35, 36, 61, Photo St. Stich, Donaueschingen.
Nr. 40, Photo R. Marth, Donaueschingen.
Nr. 41, 46, 60, Photo Dr. F. Barth, Donaueschingen.
Nr. 42, 62, Photo C. Samhaber, Aschaffenburg.
Nr. 44 mit Genehmigung des Photograph. Kunstverlags G. Röbcke, Freiburg i. Br.
Nr. 45 mit Genehmigung des Herrn Landrat Schoene, Essen.
Nr. 47, 48, 49, 50, Photo Hans Metz, Mainz.
Nr. 57 mit Genehmigung des Landesmuseums Darmstadt.
Nr. 63 mit Genehmigung der Universitäts-Bibliothek Erlangen.
Nr. 64, Photo William E. Gray, London.
Nr. 65, 66, 71, 72, Lichtdruckanstalt Stengel & Co., Dresden.
Nr. 67, 73, 74, 75, 76, 77, 78 (mit Genehm. d. Besitzers Herrn F. Koenigs, Harlem), 79, 80, 81, 83, 84, 85, 86, 87, Photo J. Fr. Treue, Berlin, Neues Museum.
Nr. 69 mit Genehmigung des Besitzers Herrn Oskar Reinhart, Winterthur (Photo H. Linck, Winterthur).

*6. Lindenhardter Altar von 1503. Teilaufnahme*

7. *Lindenhardter Altar von 1503, Schreinrückseite*

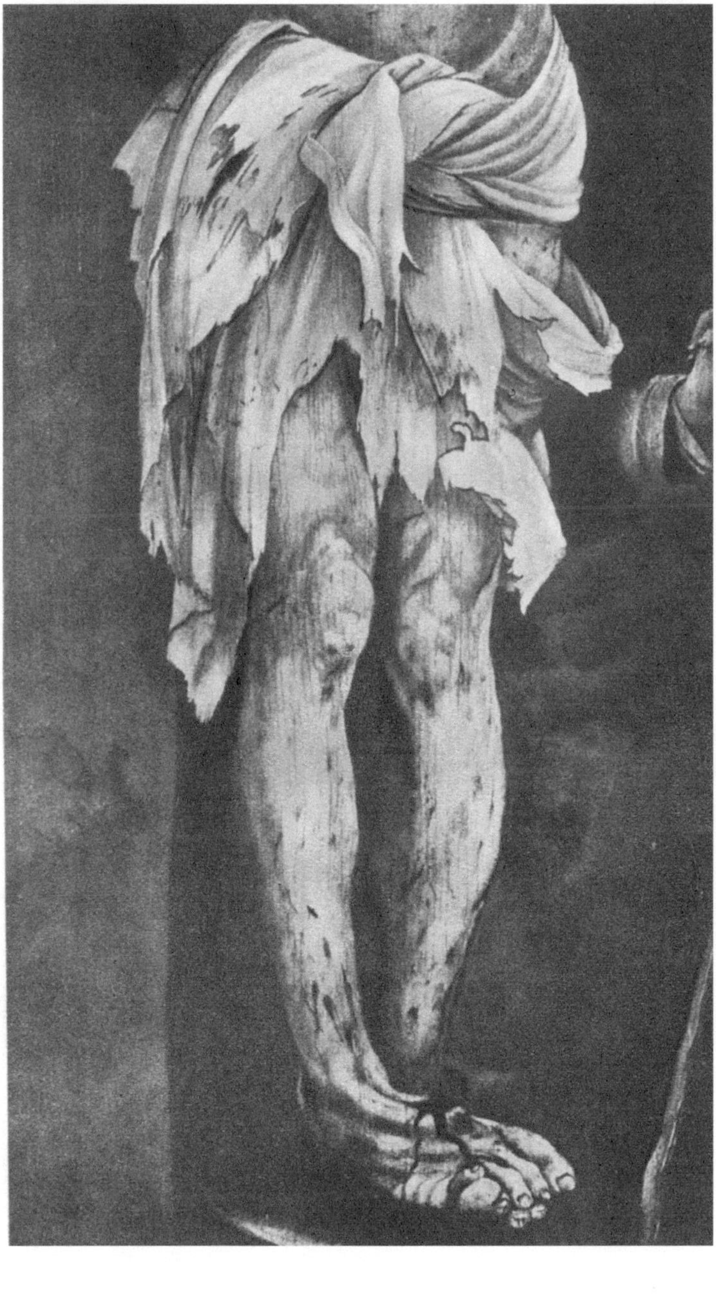

*12. Isenheimer Altar, Kreuzigung, Teilaufnahme*

*13. Isenheimer Altar, Maria Magdalena unter dem Kreuze*

*18. Isenheimer Altar. Hl. Sebastian, Teilaufnahme*

*19. Isenheimer Altar, Hl. Sebastian, Teilaufnahme*

*32. u. 33. Isenheimer Altar. Antonius und Paulus in der Wüste. Teilaufnahmen*

*34. Isenheimer Altar, der Teufelsspuk*

**35.** *Aus Johann Geilers Granatapfel, Straßburg 1511*

**36.** *Aus Johann Geilers Granatapfel, Augsburg 1510*

*37. Isenheimer Altar Teufelsspuk. Teilaufnahme*

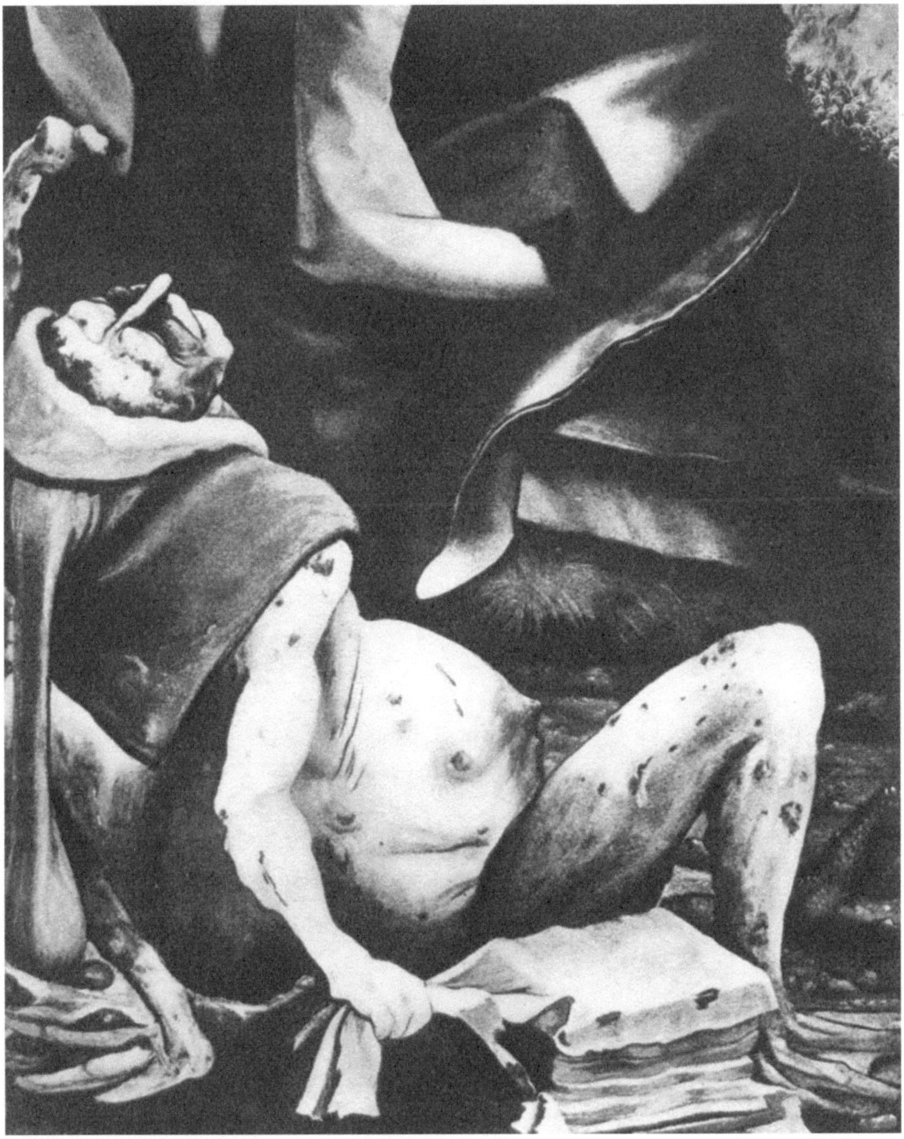

*38. Isenheimer Altar, Teufelsspuk, Teilaufnahme*

*39. Isenheimer Altar, Teufelsspuk, Teilaufnahme*

40. *Magdalenenklage, Donaueschingen, fürstl. Gemäldegalerie*

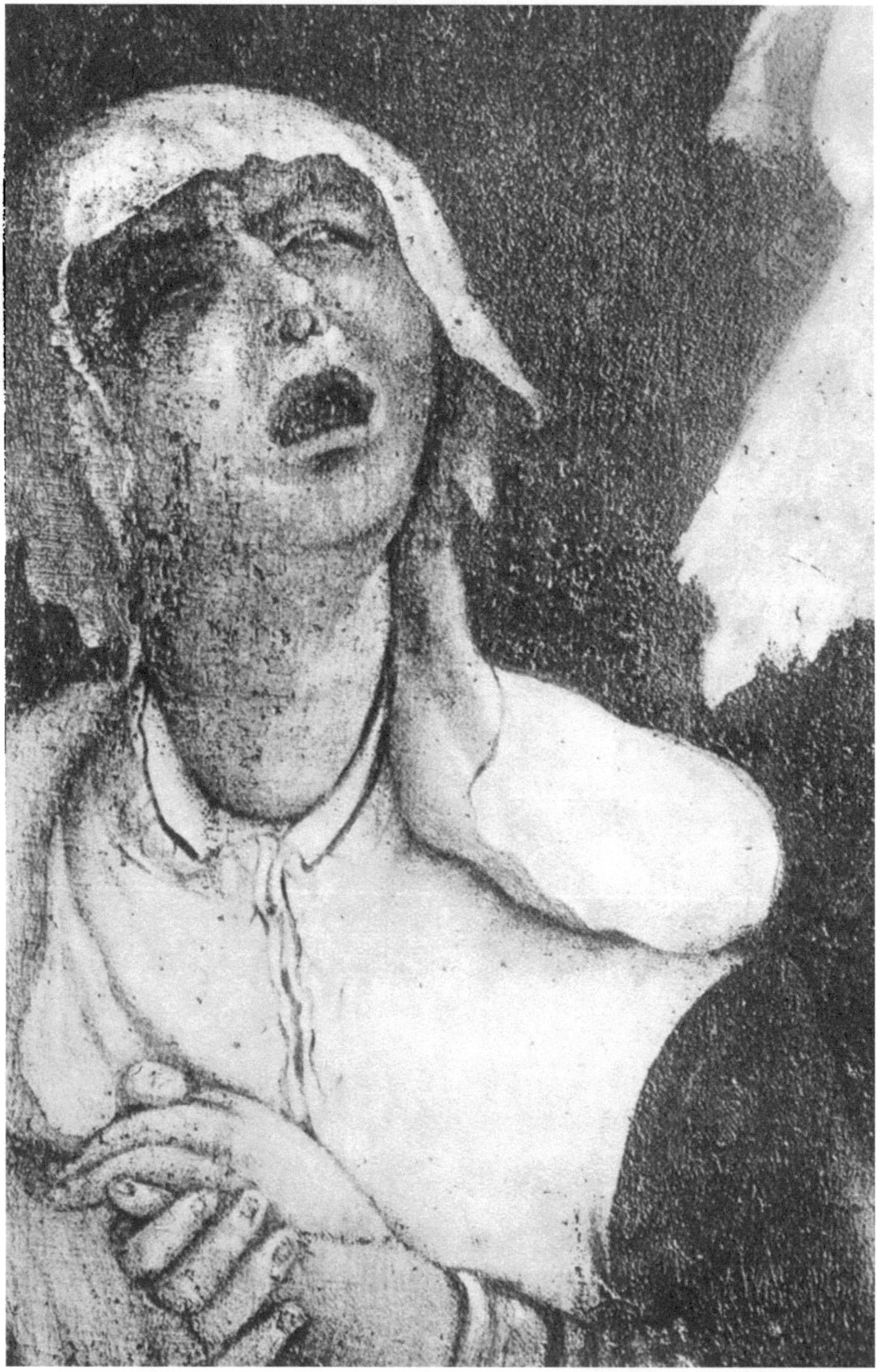

*41. Magdalenenklage, Donaueschingen, fürstl. Gemäldegalerie, Teilaufnahme*

42. *Aschaffenburg, Stiftskirche*

43. *Madonna von Stuppach, ehed. Aschaffenburg, Stiftskirche*

**44.** *Schneewunder, Freiburg, städtische Sammlungen, ehed. Aschaff. Stiftsk.*

**45.** *Sog. kleines Crucifix, rheinischer Privatbesitz (vor der Wiederherstellung)*

**46.** *Sog. kleines Crucifix. Kopie. Donaueschingen, fürstl. Gemäldegalerie*

47. *Fresko, Mainz, Kapitelsaal des Domes*

48. *Fresko, Mainz, Kapitelsaal des Domes, Teilaufnahme*

**49. Fresko,** *Mainz, Kapitelsaal des Domes, Teilaufnahme*

**50.** *Fresko, Mainz, Kapitelsaal des Domes, Teilaufnahme*

*51. Kreuzigung, Karlsruhe, städt. Kunsthalle, T'bischofsheim, Pfarrkirche*

*55. Kreuzschleppung, Karlsruhe, städt.Kunsthalle, ehed.T'bischofsheim Pfarrkirche, Teilaufnahme*

***56.** Kreuzschleppung, Karlsruhe, städt. Kunsthalle, ehed. T'bischofsheim Pfarrkirche, Teilaufnahme*

57. *Kreuzigung, Darmstadt, Landesmuseum, ehed. Mosbach b. Aschaffenburg*

*58. u. 59. Mauritius und Erasmus, München, alte Pinakothek, ehed. Halle a. S. Stiftskirche, Teilaufnahme*

*60. Aus dem Taschenbüchlein aus dem Ries, Augsburg 1510*

*61. Aus Via felicitatis, Augsburg 1513*

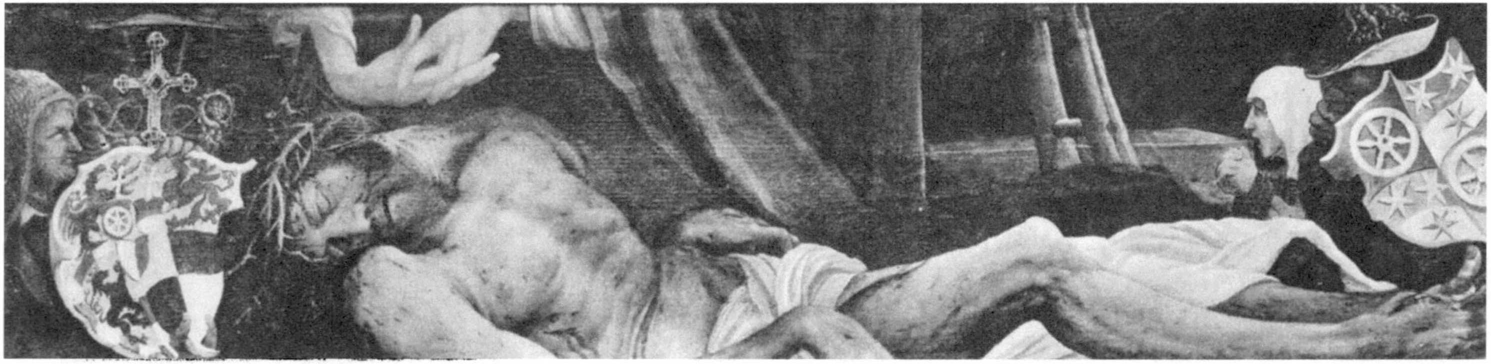

**62.** *Beweinung, Aschaffenburg, Stiftskirche, ehed. Halle a. S., Stiftskirche*

*63.* **Peter Flötner,** *Epitaphzeichnung, Erlangen, Universitätsbibliothek*

*64. Sitzender (nicht kniender) Apostel, Studie zu Verklärung, London, Sammlung Oppenheimer*

65. *Kniender Apostel (Jakobus), Studie zur Verklärung, Dresden, Kupferstichkabinett*

**66.** *Kniender Apostel (Petrus), Studie zur Verklärung, Dresden, Kupferstichkabinett*

**67.** *Sog. eifernder Pharisäer (Studie zur Verklärung?), Berlin, Kupferstichkabinett*

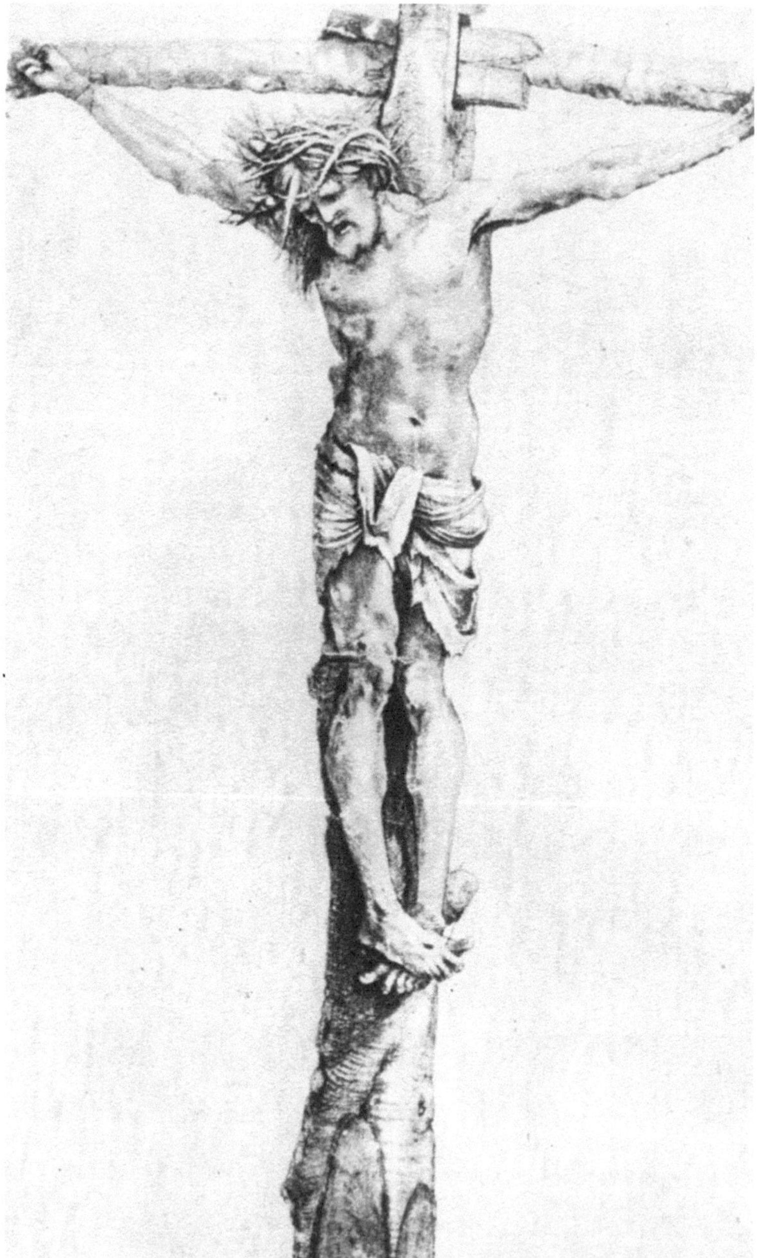

*68. Christus am Kreuz, Studie f. d. Is. Altar, Karlsruhe, Kupferstichkabinett*

**69.** *Frau mit gefalteten Händen, Studie f. d. Is. Altar, Winterthur, Sammlung Oskar Reinhardt*

70. *Hl. Antonius vom Is. Altar, erste Fassung, Göttingen, Sammlung Ehlers*

*71. Hl. Antonius vom Is. Altar, zweite Fassung, Dresden, Kupferstichkabinett*

*72. Unterarmstudie des heiligen Sebastian vom Is. Altar, Dresden, Kupferstichkabinett*

*73. Kniende Madonna zur Is. Verkündigung, erste Fassung, Berlin, Kupferstichkabinett*

*74. Kniende Madonna zur Is. Verkündigung, zweite Fassung, Berlin, Kupferstichkabinett*

**75.** *Studie zur Madonna von Stuppach, Berlin, Kupferstichkabinett*

76. *Krönender Christus mit Engeln. Studie zum Oberissigheimer Altar?*
*Berlin. Kupferstichkabinett*

77. *Maria mit Kind und Johannes, Berlin, Kupferstichkabinett*

78. *Madonna auf Wolken, Studie zum Mainzer Dombild, Haarlem, Sammlung Franz Koenigs*

*79. Hl. Dorothea, Studie zum Mainzer Dombild. Berlin, Kupferstichkabinett*

*80. Hl. Katharina, Studie zum Mainzer Dombild, Berlin, Kupferstichkabinett*

*81. Frau (Heilige?) mit Blume, Berlin, Kupferstichkabinett*

*82. Frau mit gefalteten Händen. Studie zur Karlsruher Kreuzigung. Oxford, University College*

83. *Aufblickender Mann mit gefalteten Händen, Studie zum Johannes der Karlsruher Kreuzigung, Berlin, Kupferstichkabinett*

84. *Bildniskopf einer Frau, Berlin, Kupferstichkabinett*

**85.** *Sog. weinender Engel, Berlin, Kupferstichkabinett*

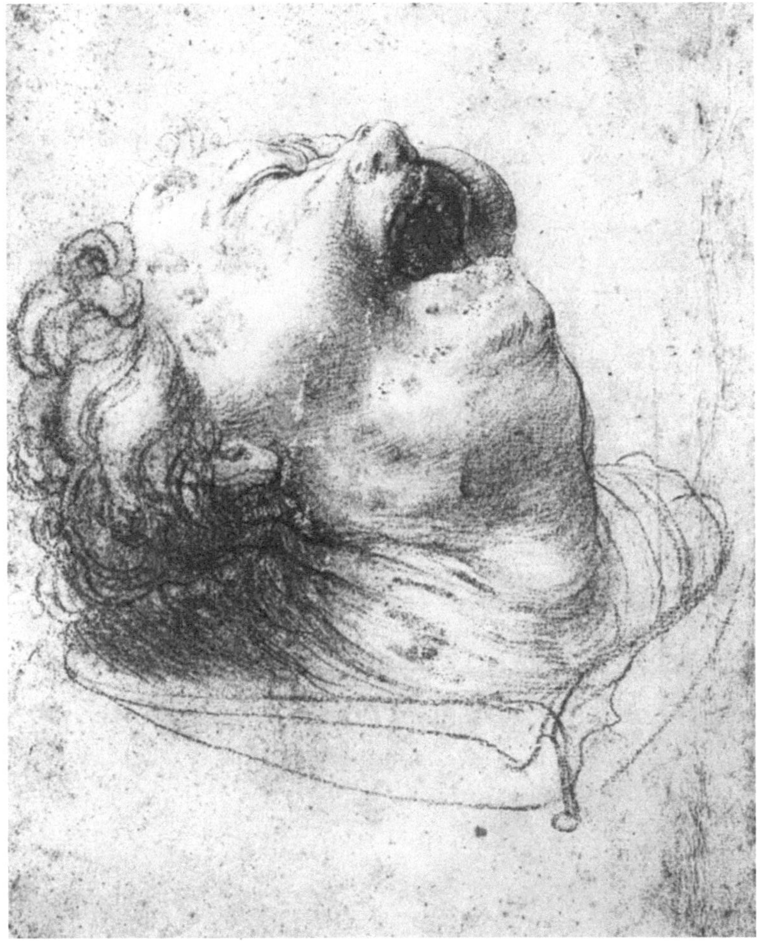

*86. Sog. schreiender Engel, Berlin, Kupferstichkabinett*

87. *Drei Männerköpfe, Berlin, Kupferstichkabinett*